LOS EFECTOS DEL PROCESO CIVIL
LA COSA JUZGADA Y LAS COSTAS PROCESALES

Fanny Trinidad Ramírez Sánchez

LOS EFECTOS DEL PROCESO CIVIL LA COSA JUZGADA Y LAS COSTAS PROCESALES

COLECCIÓN ESTUDIOS JURÍDICOS

N° 122

Editorial Jurídica Venezolana
Caracas, 2018

© Fanny Trinidad Ramírez Sánchez

ISBN 978-980-365-431-3
Depósito Legal DC2018001366

Editorial Jurídica Venezolana
Sabana Grande, Av. Francisco Solano, Edif. Torre Oasis, Local 4, P.B.
Apartado Postal 17.598, Caracas 1015-A, Venezuela
Teléfonos: 762.2553/762.3842 - Fax: 763.5239
E-mail fejv@cantv.net
http://www.editorialjuridicavenezolana.com.ve

Impreso por: Lightning Source, an INGRAM Content company
para Editorial Jurídica Venezolana International Inc.
Panamá, República de Panamá.
Email: ejvinternational@gmail.com

Diagramación, composición y montaje
por: Mirna Pinto de Naranjo, en letra Book Antigua 12,
Interlineado 13, mancha 11.5 x 18

EPÍTOME PROMOVENTE

Quienes se adentren a la lectura de esta obra se van a encontrar con una arista del Derecho Procesal Civil, como resultado de la actividad intelectual que ha realizado la autora, en torno a los efectos del proceso civil: la cosa juzgada y las costas procesales. La orientación que hallarán, quienes vinculados con esta temática se muestren atraídos por el texto, es la de haber profundizado en la determinación de la naturaleza jurídica de la cosa juzgada, así como respecto del alcance de sus efectos con relación a las partes del proceso y con los terceros; igualmente, se examina su relatividad; además de la naturaleza jurídica de la sentencia contentiva de la condenatoria en costas, como efecto económico del proceso civil; instituciones, por demás, de mucha pertinencia y sensibilidad en la temporalidad reciente. Además, se valora como un aporte en el estudio jurídico, pues derivado de la experiencia académica de la autora, y de su desempeño en la función jurisdiccional propone una modificación del procedimiento para tramitar la intimación de honorarios profesionales provenientes de la condena en costas. Se considera, por lo demás, que hay un discurso asequible y accesible que da respuesta a la comunidad jurídica y a los interesados en estos tópicos específicos: la cosa juzgada y las costas procesales. Finalmente, la obra tiene gran significación para el desarrollo académico en las universidades que ofertan la carrera de Derecho y también como ilustración actualizada para los profesionales, que se desempeñan como operadores jurídicos, en el Derecho Procesal Civil.

INTRODUCCIÓN

El estudio de la cosa juzgada ha ocupado la atención permanente, en el devenir tempóreo, tanto de los procesalistas clásicos como de los contemporáneos. Hoy día se considera una de las instituciones, cuyo análisis es una inquietud permanente de los operadores jurídicos, en razón de que, si bien mantiene la finalidad en que se sustentó desde su génesis, que no es otra que la de garantizar la seguridad jurídica con el fin de mantener la paz social, empero, ha sido amoldada por el legislador a las exigencias de la sociedad actual. El legislador ha orientado la adecuación -como creación normativa- en función de la nueva concepción de Estado de Derecho y de Justicia, lo que supone abandonar la antigua concepción de considerarla como una presunción de verdad absoluta, casi sacramental, para atribuirle un valor relativo.

Ahora bien, analizar la cosa juzgada, como el efecto jurídico del proceso civil, supone establecer su naturaleza jurídica para lo cual fue necesario estudiar su origen, así como su evolución histórica. Ello condujo a tomar en cuenta la primera referencia que como precepto se tiene de ella en el Código de Hammurabi, conforme con el cual le estaba prohibido al juez variar las sentencias una vez que habían sido pronunciadas, so pena de ser sancionados con una multa y su separación de la carrera judicial; en la revisión sincrónica, se analizó el Digesto de Justiniano que contiene la regla básica de la cosa juzgada material de prohibición de volver a juzgar lo juzgado; se revisa el aporte que, sobre la misma, hizo la corriente de los Glosadores en los últimos años del siglo XI mediante el análisis de las disposiciones del Digesto; este movimiento se extendió por seis generaciones y fue enriquecido, posteriormente, en el siglo XIX por la pandectística alemana. Entre los estudiosos destacan las enseñanzas de Savigny quien considera a la cosa juzgada como una ficción de verdad.

Asimismo, se examinan las teorías sustancial, procesal y normativa surgidas a finales del siglo XIX y principios del XX para explicar la naturaleza jurídica de la cosa juzgada; se hizo un análisis reflexivo de sus postulados y de las contradicciones existentes entre ellas que, aun cuando actualmente han sido superadas, coadyuvó para presentar una visión de la misma como instituto procesal de carácter público, cuyo sustento en el ordenamiento jurídico patrio se encuentra en el ordinal 7° del Artículo 49 de la Constitución de la República Bolivariana; en él se reconoce el derecho que tiene toda persona a no ser sometida a juicio por los mismos hechos en virtud de los cuales hubiese sido juzgada anteriormente; de ello puede afirmarse que la cosa juzgada en el ordenamiento jurídico venezolano ostenta rango de garantía constitucional, y su finalidad es evitar la reiteración indefinida de juicios sobre los mismos hechos.

De igual forma, se estudia la cosa juzgada en sus dos vertientes, a saber, cosa juzgada formal y cosa juzgada material, sin dejar de evaluar la posición de la doctrina que cuestiona tal clasificación y equipara la cosa juzgada formal a la firmeza de las resoluciones; se reconoce que sólo existe la cosa juzgada material, y se sustenta la utilidad de dicha clasificación. Se entiende a la primera -la cosa juzgada formal- como un efecto interno de las resoluciones judiciales, en cuanto hace referencia al proceso mismo en el que la resolución se dicta. Y en razón de haber participado las partes en el tribunal, en la realización del juicio, no podrán desconocer lo decidido en la resolución que la ha producido; es decir, han de asumir lo decidido en la resolución que ha pasado en cosa juzgada formal.[1]

Así, la cosa juzgada formal supone que la decisión sea inatacable; es decir, inimpugnable en el ámbito del proceso en

---

[1]   Juan Montero Aroca y otros: *Derecho Jurisdiccional II Proceso Civil*. Tirant Lo Blanch, Valencia. España 2011, p. 476.

curso. La segunda, la cosa juzgada material está referida a la invariabilidad de los efectos de la sentencia no sujeta ya a recursos en todo proceso futuro sobre el mismo objeto.[2]

Igualmente, se precisarán los efectos negativo y positivo de la cosa juzgada. El efecto negativo está previsto en el Artículo 272 del Código de Procedimiento Civil, que contiene la regla *non bis in ídem*, y está referida a la prohibición de volver a juzgar en un nuevo proceso lo resuelto por una sentencia firme; y el efecto positivo o prejudicial contenido en el Artículo 273 *eiusdem* que, al contrario del primero, no opera como excluyente de la decisión en el ulterior proceso; por el contrario opera como fundamento de la misma, puesto que la sentencia que resuelve la relación jurídica en el proceso primigenio resulta condicionante de la que debe decidirse en el posterior.

También se examinaron los límites objetivos y subjetivos de la cosa juzgada; para precisar los límites objetivos fueron definidos los requisitos objetivos de la pretensión: el objeto y la causa *petendi*. Sobre este punto, se analizan las posiciones doctrinarias que surgen en cuanto al objeto del proceso lo que permitió establecer un criterio para precisar qué es lo juzgado. Ello, a su vez sirve, para diferenciar en la práctica cuando se está ante una nueva pretensión y cuando no, respecto a los efectos de la cosa juzgada. En cuanto a la causa *petendi* se presentan las dos teorías llamadas: (a) de la sustanciación y (b) de la individualización. Se dejan claros los argumentos que permiten sustentar la recepción de la teoría de la sustanciación en el ordenamiento jurídico procesal venezolano, conforme con los cuales la causa *petendi* está integrada exclusivamente por hechos; por tanto, el cambio de la calificación jurídica de la pretensión, -si los hechos permanecen idénticos a los que fueron juzgados en un proceso anterior- no impide la aplicación de la cosa juzgada.

---

[2] Arístides Réngel Romberg: *Tratado de Derecho Procesal Civil Venezolano.* Tomo II, Organización Gráficas Capriles C.A., Caracas 2003, p. 472.

Respecto a los límites subjetivos su estudio partió de la llamada identidad subjetiva, conforme con la cual la cosa juzgada se produce sólo entre las partes del proceso; se deja claro que la aludida identidad no está referida a la física, sino a la identificad jurídica, lo cual se pone en evidencia mediante supuestos facticos que demuestran que el cambio de persona física o de posición -demandante o demandado con que vengan las partes al proceso- no es óbice para que se haga valer la cosa juzgada siempre que exista la identidad jurídica.

En relación con lo expuesto, se procede a analizar la extensión de los efectos de la cosa juzgada material a las partes originarias del proceso; se incluirán también los sujetos que adquieren la condición de parte de manera sobrevenida en el juicio mediante la sucesión en la parte por causa de muerte, la cesión de los derechos litigiosos y el denominado *laudatio* o *nominatio auctoris* a través de la intervención provocada del tercero. Igualmente, se estudian los efectos de la cosa juzgada material respecto de los terceros que no fueron parte en el proceso, desde la óptica del interés que los mismos ostentan en relación con el objeto litigioso, así como de la situación jurídica de éstos respecto de las partes que conformaron la relación jurídica del proceso.

En ese análisis, se toman como fundamento las categorías planteadas por la doctrina, pues el estudio de este aspecto va más allá de lo descriptivo, dado que se analizan distintos supuestos previstos en la legislación patria. Se comparan alguno de los casos con la legislación española, con el objeto de evidenciar en la práctica los asuntos que resultan comprendidos dentro de los efectos de la cosa juzgada, y en qué condiciones les alcanzan a estos terceros tales efectos.

Ahora bien, sobre la base de la concepción constitucional del proceso -como instrumento para la realización de la justicia, que busca privilegiar la determinación de la verdad de los hechos-, se explica suficientemente por qué los predicados efectos de la cosa juzgada no pueden materializarse cuando la sentencia resulta violatoria a los derechos y garantías constitucionales, concretamente al debido proceso y el derecho a la defesa; así como tampoco puede realizarse cuando ha sido producto de maquinaciones fraudulentas, del dolo o del ardid de una de las partes para perjudicar a la otra o de ambas partes, cuando actúan en colusión para dañar a un tercero ajeno a la relación procesal.

O, también, entre otras cosas cuando la sentencia resulta intolerablemente injusta por haber sido proferida con insuficiencia de pruebas, en razón de no existir para el momento en que fue dictada el conocimiento científico necesario para demostrar los hechos debatidos en el juicio; además, no se contaban con los medios de prueba idóneos para trasladar los hechos de forma tal que pudieran ser debatidos y resueltos mediante la decisión correspondiente. Bajo estas premisas se estudia la relatividad de la cosa juzgada en cada uno de los supuestos indicados.

En tal sentido, se examinan los distintos mecanismos que permitan enervar los efectos de la cosa juzgada, que conlleve la nulidad de la sentencia cuando ésta ha nacido infectada de vicios, que posibilitan la demanda de invalidación prevista en el Artículo 328 del Código de Procedimiento Civil. Dicha demanda se trata mediante un análisis comparativo de su regulación en los ordenamientos español y colombiano en los cuales se denomina revisión; igualmente, se analizan los supuestos en que proceden el amparo constitucional, la revisión constitucional y la declaratoria del fraude procesal.

Asimismo, se esbozan las razones por las que la cosa juzgada en los procesos constitucionales se considera relativa; para ello, se analiza la posición sostenida por la doctrina procesal constitucional en torno a la inconveniencia de admitir la cosa juzgada material en dicha jurisdicción, dada su especialidad que le exige adaptar la interpretación constitucional a la realidad social imperante.

Igualmente, se estudian las costas procesales como el efecto económico del proceso, para lo cual se examinan las definiciones aportadas por la doctrina nacional y la española, con especial referencia a la consideración que de dicho instituto hace la Ley de Enjuiciamiento Civil; también se revisa la posición que, en tal sentido, ha sostenido la jurisprudencia patria, con el objeto de presentar una visión de las costas procesales que se sustente en su doble finalidad: (a) la de ser un mecanismo de compensación a la parte victoriosa en el proceso que no puede verse mermada en su esfera patrimonial por los gastos sufragados con ocasión del juicio; (b) en función de racionalizar la litigiosidad de forma tal que no se desgaste el aparato jurisdiccional cuando no existan motivos razonables para entablar un juicio.

Se desarrollan los distintos criterios de imposición de la condena en costas, con especial atención en el criterio del vencimiento total u objetivo por ser el adoptado en el ordenamiento jurídico venezolano. De igual forma, se analizan las distintas posturas presentadas por la doctrina para explicar la naturaleza jurídica de la sentencia contentiva de la condena en costas, lo que permitió esbozar la posición de la autora sobre este aspecto. Por último, se presenta una propuesta de modificación del procedimiento para tramitar la intimación de honorarios profesionales provenientes de la condena en costas.

La autora pretende brindar tanto a los abogados en ejercicio, como a los estudiantes de Derecho, y a la academia en general, una visión de la cosa juzgada conforme con su valor relativo en correspondencia con la concepción de Estado de Derecho y de Justicia recogida en la Constitución de 1999; también en la posición doctrinaria venezolana y en la jurisprudencia patria; de igual modo, se relaciona con lo expuesto en la doctrina española, y de ella se toma con especial referencia lo desarrollado con respecto a la Ley de Enjuiciamiento Civil Española.

Igualmente, se estudian las costas procesales, cuya condena establecida en la sentencia definitivamente firme permite a la parte victoriosa, y/o a su abogado apoderado o asistente intimar el cobro de sus honorarios profesionales a la parte perdidosa para lo cual se propone una reforma al procedimiento diseñado por la jurisprudencia del Tribunal Supremo de Justicia en concordancia con lo dispuesto en el Artículo 22 de la Ley de Abogados, cuya sugerencia precisa que dicho procedimiento conste de una solo fase la estimativa y se prescinda de la declarativa. Ello con la finalidad de que los profesionales del Derecho puedan satisfacer la acreencia derivada de la sentencia definitivamente firme contentiva de la condena en costas mediante un procedimiento idóneo.

CAPÍTULO I

NATURALEZA JURÍDICA DE LA COSA JUZGADA

1. *Referencia histórica sobre la cosa juzgada*

Una primera aproximación para establecer la naturaleza jurídica de la cosa juzgada, debe partir del estudio de la historia de dicha institución, pues, desde esa óptica, permitirá reforzar la importancia que, desde antiguo, ha tenido la misma como efecto del proceso. A continuación, se hará referencia al Código de Hammurabi y otros derechos antiguos dentro de lo que destaca el Derecho Romano, con el objeto de presentar a manera de síntesis la regulación que en tales ordenamientos se le dio a la cosa juzgada.

A. *El Código de Hammurabi*

Actualmente, se reconoce como la recopilación legal más antigua al llamado Código de Hammurabi, mandado a formar por el rey de Babilonia del mismo nombre aproximadamente en el año 1753 a.C. Dicha recopilación fue hallada en Susa Irán, a las orillas del río Karkeh, entre diciembre de 1901 y enero de 1902, lo que explica que su contenido no pudo ser analizado por la doctrina del siglo XIX, ni que sus preceptos hayan merecido la debida atención a pesar de su influencia en las Leyes del Pentateuco y en el Derecho Romano[3].

---

3   Jordi Nieva Fenoll: *La Cosa Juzgada.* Atelier Libros Jurídicos, Barcelona 2006, p. 26.

En efecto, al margen de las normas que han pasado a formar parte de la cultura general como las leyes de aplicación del talión, existe un precepto, el VI 5 de las Leyes de Hammurabi que ha pasado desapercibido y, sin embargo, amerita de atención como el primer antecedente escrito de la cosa juzgada. El referido precepto dispone:

> Si un juez ha juzgado una causa, pronunciando sentencia (y) depositado el documento sellado, si, a continuación, cambia su decisión, se le probará que el juez cambió la sentencia que había dictado y pagará hasta doce veces la cuantía de lo que motivó la causa. Además, públicamente, se le hará levantar de su asiento de justicia (y) no volverá más. Nunca más podrá sentarse con los jueces en un proceso[4].

De la lectura del anterior precepto puede inferirse que el mismo instituye, aunque en forma arcaica, la cosa juzgada como la invariabilidad de las resoluciones judiciales por parte del juez una vez que las ha dictado; establece, incluso, consecuencias penales a su violación traducida en la imposición de una multa y su separación de la carrera judicial. Ello constituye el primer antecedente legal de la institución objeto de estudio y encuentra su raíz en la represión de la conducta fraudulenta de los jueces, y se toma en consideración las necesidades de la justicia en una ciudad Estado medianamente desarrollado.

Cabe destacar que los textos jurídicos anteriores al Código de Hammurabi, que se han conservado, no contienen un precepto similar al expuesto; ello no significa que no existiera, dado que en varias decisiones judiciales sumerias -las tablillas llamadas Ditilla de finales del tercer milenio antes de Cristo y, por tanto, anteriores al referido código-, se analiza la cosa juzgada para hacer referencia, en algunas sentencias contenidas en dichas tablillas, al acatamiento a los fallos dictados con anterioridad sobre el mismo asunto y entre las mismas partes[5].

---

4   Federico Lara Peinado: *Código de Hammurabi.* Tecnos. Madrid 1997, p. 7.
5   J. Nieva F.: *La Cosa Juzgada.* Barcelona... *op. cit.,* p. 28.

B. *Derecho Romano*

El origen inmediato de las discusiones surgidas en torno a la cosa juzgada tiene su germen en el Derecho Romano, fundamentalmente en el Digesto publicado por orden del emperador Justiniano en noviembre del año 533 d.C. Esta obra constituye una compilación metódica de las obra de los jurisconsultos de la época imperial clásica y en cuyos libros XLII y XLIV se hace referencia a la cosa juzgada[6]. En libro XLII un comentario de Modestino indica que se habla de cosa juzgada cuando el juez pone fin a las controversias con sus pronunciamientos sea éste absolutorio o condenatorio[7]. De tal expresión, puede inferirse que la idea de cosa juzgada servía para hacer referencia a lo juzgado.

Asimismo, en el precitado libro XLII se recogen las disposiciones sobre la cosa juzgada formal, a saber:

> El juez, una vez que pronunció la sentencia, deja de ser juez después; y observamos este derecho, que el juez que una vez condenó en más o en menos, no puede ya corregir su sentencia; porque ya una vez desempeñó bien o mal su oficio[8].

Igualmente, se incorpora la regla sobre la posibilidad de aclarar la sentencia después de publicada al señalar: "No está prohibido enmendar las palabras de las actuaciones, subsistiendo el tenor de la sentencia"[9]; también se encuentra regulada la confesión y el llamado juramento decisorio al establecer: "Después de juzgada una cosa, o de decidida con juramento, o de hecha en derecho confesión, no se cuestiona nadas más

---

6   José María Uria S.J. *Derecho Romano*. Universidad Católica del Táchira, San Cristóbal 1984, p. 152.

7   J. María Uria S.J.: *Derecho Romano*.... *op. cit.*, p. 153.

8   J. Nieva F.: *La Cosa Juzgada*. Barcelona.... *op. cit.*, p. 32.

9   J. Nieva F.: *La Cosa Juzgada*. Barcelona.... *op. cit.*, p. 32.

después de la Oración del Divino Marco, porque los que confesaron en derecho son tenidos como juzgados"[10].

Igualmente, en el libro XLII del Digesto aparece explicado el fundamento o razón de ser de la excepción de cosa juzgada; en él se señala que para cada controversia bastaba una sola acción y una sentencia final, a fin de que no se multiplicaran el número de litigios y resultara aumentada la dificultad cuando las sentencias fueran contradictorias. Y termina recogiendo la concepción de santidad o verdad absoluta de la cosa juzgada al disponer que lo declarado en la sentencia se tuviera por cierto, por verdadero.

En el libro XLIV del Digesto se hace alusión a lo que hoy se conoce como cosa juzgada material, cuando formula como regla básica que la cosa juzgada actúa entre las mismas personas y por la misma cuestión, sobre la misma cantidad y el mismo derecho, sobre la misma causa de pedir y sobre la misma condición de las personas. Igualmente, se afirma que lo juzgado entre unos no causa perjuicio a otros. Sin embargo, el Digesto también hace referencia a los terceros al declarar que la cosa juzgada se extiende a todas las personas que hubieran podido discutir esa misma cosa en juicio, lo cual rompe con la regla antes referida dado que ya no hay identidad de personas; incluso, añade que la cosa juzgada podía afectar a los que no hubiesen participado en un proceso, al plantear el supuesto de que el acreedor pignoraticio consiente que el deudor litigue sobre la cosa dada en prenda le influirá la sentencia que se dicte. La razón que se esgrimía, para ello, es que el acreedor podía impedir la demanda[11].

De conformidad con la regla básica, recogida en el Digesto, resulta claro que el Derecho Romano quiso evitar los fraudes que originaban la aplicación estricta de la misma, al impedir la reserva táctica de argumentos para futuros procesos. En tal virtud declara que en cuanto sean las mismas personas, lo mismo aquello que es discutido y sea la misma la

---

10   J. Nieva F.: *La Cosa Juzgada*. Barcelona.... *op. cit.*, p. 32.

11   J. María Uria S.J.: *Derecho Romano*.... *op. cit.*, p 154.

causa próxima de la acción, aunque se hallen nuevos documentos que otorguen nuevas razones al demandante vencido, deberá estarse a lo juzgado. Ello impone una regla preclusiva absoluta[12].

Así las cosas, puede afirmarse que la concepción de la cosa juzgada como presunción absoluta, es decir, como ficción de verdad, tuvo una expresión durante mucho tiempo, en el *dictum* de Ulpiano según el cual la *res judicata pro veritate accipitur*[13]. Dicha concepción presupone creer en la existencia de una realidad fáctica y jurídica externa a lo juzgado, que, no obstante, permanece irrelevante en cuanto se considera verdadero sólo lo que el juez ha afirmado en la sentencia. Tal situación no trae como consecuencia que se ubique la cosa juzgada en el campo de los fenómenos probatorios y la configuración de sus efectos en términos de presunción *iuris et de iure*[14]. No obstante, Ulpiano contempla entre las excepciones que matizan dicha regla la siguiente: podía reclamarse primero la propiedad de una casa y al ser desestimada la demanda, podían reclamarse los materiales para construirla si éstos en el futuro se separaban a consecuencia de la destrucción de la casa[15].

Además del supuesto planteado por Ulpiano, como excepción a la regla, se establecen otros casos relativos a cuestiones no conocidas al tiempo de formular la demanda primigenia o de cambios de circunstancias posteriores en el objeto del primer juicio. Con ello se permite, por ejemplo, intentar un segundo proceso por reclamación de una herencia, si en el primer proceso el heredero demandado fue absuelto, porque aún no la poseía y posteriormente la posee[16].

---

12   J. María Uria S.J.: *Derecho Romano....* op. cit., p. 155.

13   Traducción: La cosa juzgada es admitida como verdad.

14   Michelle Taruffo.: *Páginas sobre Justicia Civil.* Colección Proceso y Derecho. Marcial Pons. Madrid 2009, pp. 286-287.

15   J. Nieva F.: *La Cosa Juzgada....* op. cit., p. 37.

16   J. María Uria S.J.: *Derecho Romano....* op. cit., p. 157.

Lo antes expuesto inclina a pensar que el Derecho Romano reconoció la existencia de la cosa juzgada en sus dos vertientes formal y material; y a pesar de que formuló la regla básica, la misma fue expresamente matizada con los casos de la realidad práctica reproducidos en el Digesto, de lo que puede inferirse que partieron de una idea básica: la justicia y la razonabilidad de las soluciones que planteaban y que podían ser aplicadas a los casos comunes.

C. *Aporte de los Glosadores*

Destaca posteriormente el aporte de los Glosadores. Un movimiento originado en Bolonia en los últimos años del siglo XI por el eminente jurista Irnerio que duró aproximadamente seis generaciones y logra extenderse fuera de Italia como una corriente de análisis del *Corpus Iuris* de Justiniano. Esta actividad realizada, junto con la de los Comentaristas, ubicados en los siglos XIV y XV, constituyen el primer intento doctrinal de hacer útiles las disposiciones del Digesto en una sociedad distinta a la romana, pero dejan tres puntos de discusión en torno a la institución de la cosa juzgada a saber: El estudio de las diferencias entre sentencia y cosa juzgada; así entonces, la cosa juzgada se tiene por cierta y la consideración de la misma se valora como una presunción *iuris et de iure*.

D. *La Pandectística alemana*

En el siglo XIX es transcendente la contribución de la Escuela Pandectística Alemana, que a través del método de la dogmática jurídica interpretó y actualizó el contenido del Digesto, siendo esencial en cuanto a la cosa juzgada las enseñanzas de Savigny, quien la define como una "ficción de verdad", a través de la cual la sentencia firme se protege a cualquier futuro intento de anulación[17].

Es importante hacer mención a que Savigny, para esa época, ya reconoce que la cosa juzgada de la sentencia englo-

---

[17] M. Taruffo.: *Páginas sobre Justicia Civil*. Colección Proceso y Derecho.... *op. cit.*, p. 287.

ba a su motivación, consistente en las relaciones jurídicas negadas o afirmadas por el juez, y de las que dependía el fallo. Respecto a las identidades necesarias para que se configure la cosa juzgada señala que debe tratarse de las mismas cuestiones jurídicas y las mismas personas en ambos procesos.

No obstante, matiza la regla anterior al exponer que la excepción de cosa juzgada también puede operar en los siguientes supuestos: Cuando la acción ejercida en el segundo proceso sea diferente en nombre y naturaleza jurídica a la ejercida en el primero; cuando las partes intercambien sus posiciones procesales; cuando el objeto del juicio del primer proceso sea una simple condición del derecho objeto del juicio del segundo proceso; cuando las externalidades de ambos proceso sean distintas; cuando los fundamentos jurídicos sean distintos y el título origen del derecho discutido sea distinto en ambos procesos[18].

Sin duda los aportes de Savigny sobre la institución de la cosa juzgada aun cuando fueron esbozados a mediados del siglo XIX constituyen planteamientos que forman parte de la disquisición de la doctrina moderna sobre todo en cuanto a las excepciones señaladas en torno a la identidad necesaria para que se configure la cosa juzgada, las cuales encuentran su germen en los diversos casos contenidos en el Digesto de Justiniano, posteriormente analizados e interpretados por los glosadores y comentaristas.

E.   *Teorías modernas sobre la cosa juzgada*

La discusión científica surgida a finales del siglo XIX y principios del XX en torno a la naturaleza jurídica de la cosa juzgada material, gira en la necesidad de explicar por qué la sentencia de fondo que se dicta en el proceso vincula a cualquier otro proceso posterior, sobre todo, cuando la materia controvertida en el segundo sea igual a la ya decidida o resulte condicionante para el nuevo fallo. Para ello, surgieron tres

---

18   J. Nieva F.: *La Cosa Juzgada*. Barcelona.... *op. cit.*, p. 44.

teorías, a saber: La sustancial, la procesal y la normativa, las cuales se sintetizan a continuación.

a) Teoría sustancial llamada también material, parte de la definición que Chiovenda da a la cosa juzgada al señalar que es: "...la afirmación indiscutible y obligatoria para todos los jueces de todos los juicios futuros, de una voluntad concreta de ley, que reconoce o desconoce un bien de la vida a una de las partes"[19]. De acuerdo con dicha definición, la cosa juzgada era considerada un efecto de la sentencia vinculada con la declaración del derecho reconocido en el fallo. A ello se objeta que el concepto de cosa juzgada estaría conformado por diversos elementos que impiden conocer la esencia de la misma; a saber: El contenido de la sentencia (afirmación de una voluntad de ley), su efecto (obligatoriedad) y una cualidad de ese efecto (indiscutibilidad)[20].

La referida teoría fue mantenida por la pandectística alemana en el siglo XIX[21], los partidarios de esta tendencia atribuían a la cosa juzgada un efecto de fuente autónoma de la situación jurídica declarada en la sentencia; esto es, la sentencia pasada en autoridad de cosa juzgada tendría el efecto de constituir, modificar o extinguir el derecho o la relación jurídica deducida en el juicio, de conformidad con la declaración de certeza llevada a cabo por el juez[22].

Conforme con la referida teoría la cosa juzgada produce efectos creadores en la esfera de las relaciones jurídicas materiales, las cuales quedan constituidas en la realidad de acuerdo con lo resuelto en la sentencia. El efecto es particularmente intenso cuando la sentencia, por no corresponderse con la situación jurídica preexistente es injusta, pues en este caso la sentencia crea la relación jurídica. Para esta teoría no existen

---

[19]   G. Chiovenda.: *Curso de Derecho Procesal Civil....* ob. cit., p. 171.

[20]   Román Duque Corredor: *Apuntaciones Sobre El Procedimiento Civil Ordinario.* Tomo II. Ediciones Fundación Projusticia, Caracas 1999. p. 41.

[21]   J. Montero A.: *Derecho Jurisdiccional II Proceso Civil. ...* ob. cit.., p. 479.

[22]   Enrico Liebman: *Manual de Derecho Procesal Civil.* Ediciones Jurídicas Europa-América, Buenos Aires 1980, p. 594.

sentencias injustas o erróneas, dado que no existen dos relaciones jurídicas que se puedan comparar -la realmente existente entre las partes y la establecida por la sentencia-, sino una sola, la de la sentencia[23].

De acuerdo con dicha teoría a la sentencia le corresponde una eficacia constitutiva; es decir, cuando la decisión declara con lugar la demanda constituye y si por el contrario es denegatoria extingue el derecho objeto de litigio. Por ello, no se adecua al Derecho moderno y sólo se aplica a sentencias cuyo objeto es pecuniario, no a sentencias constitutivas[24]. Por tanto, para la referida teoría no es en el derecho sustancial preexistente donde la cosa juzgada encuentra su eficacia vinculatoria, sino en la fuerza de la propia sentencia cuando se hace inimpugnable, cuando alcanza la autoridad de cosa juzgada se considera que ha nacido en el Derecho una nueva norma obligatoria y eficaz aun cuando en algunos supuestos no coincida con el derecho material.

En sintonía con la teoría comentada, a manera de ejemplo, puede citarse el caso de la llamada corrección monetaria donde la jurisprudencia venezolana, sin que existiera texto legal o norma expresa que lo estableciera, instituyó el ajuste del valor de la moneda; ello con el objeto de proteger, de los efectos nocivos derivados de la inflación, los derechos de aquél que ha resultado victorioso en un proceso judicial por el reconocimiento de su derecho, cuando se reclaman sumas de dinero; a los efectos incorpora el mecanismo de la indexación siempre que sea solicitado por la parte actora, el cual también fue implementado para los supuestos en que se demande el cobro de obligaciones dinerarias y el deudor haya incurrido en mora.

---

[23]   J. Montero A.: *Derecho Jurisdiccional II Proceso Civil....* ob. cit., pp. 479-480.

[24]   James Goldschmidt: *Principios Generales del Proceso*, Vol. 1. Editorial Jurídica Universitaria, México 2003, p. 11.

Con ello se sustituye el principio nominalista previsto en el Artículo 1.737 del Código Civil por el concepto de valor[25].

Sin embargo, la aludida teoría fue abandonada por diversas razones que Román Duque Corredor resume así:

a) Contradice el derecho procesal, puesto que estima que sólo producen cosa juzgada las sentencias constitutivas, es decir, las que crean derechos u obligaciones, o situaciones nuevas.

b) Contradice también el derecho material, puesto que, según este, cada vez que de acuerdo con una hipótesis legal se crea, modifica o extingue un derecho, debe existir una sentencia; y no sólo en los casos en que se establece.

c) No tiene nada que ver con la cosa juzgada si la declaración de certeza contenida en la sentencia tiene o no eficacia modificativa, o si sólo es declarativa[26].

Junto a las críticas señaladas se suma la dificultad de estimar como inmutable lo resuelto por el juez, a modo de creación de derecho entre las partes, sin posibilidad alguna de retroacción al momento anterior a la sentencia cuando esta es errónea o injusta; ello es así, toda vez que la vinculación de la sentencia daría vida al derecho en realidad inexistente o eliminaría el derecho en realidad existente[27].

b) Teoría procesal, conforme con esta teoría la cosa juzgada vincularía a los jueces de los futuros procesos, pero sin tener influencia alguna sobre la relación controvertida que permanecería intacta e inalterada, eventualmente diversa de como la sentencia la ha declarado, en el caso de que haya juzgado erróneamente. La referida teoría parte de la diferenciación entre lo material y lo procesal, por lo que el derecho procesal y el sustancial coexistirían, pero hasta tal punto incomu-

---

[25]   http://www.tsj.gov.ve/decisiones/scc/Julio/714-270704.

[26]   R. Duque C.: *Apuntaciones Sobre El Procedimiento Civil Ordinario.* Tomo II.... *ob. cit.,* p. 42.

[27]   E. Liebman.: *Manual de Derecho Procesal Civil.... ob. cit.,* p. 594.

nicables, que la cosa juzgada produciría su efecto en el solo ámbito del derecho procesal, sin poder tocar la relación de derecho sustancial sobre la cual se juzgó[28]. Así, el contenido de la sentencia no crea el derecho, sino que lo hace incontrovertible entre las partes[29].

En efecto, para los sostenedores de esta teoría el fundamento de la cosa juzgada material descansa en razones de orden social y de conveniencia política, debido a que consideran dicho instituto como un vínculo de naturaleza jurídico pública que obliga a los tribunales a no juzgar de nuevo lo ya decidido[30]. Su finalidad es la preservación de la seguridad jurídica y la paz social, lo que supone que las controversias planteadas alcancen su fin cuando se hayan agotado los medios dispuestos por el ordenamiento jurídico para que las partes hagan valer sus derechos en el proceso, por lo que la decisión de mérito no puede ser revocada. Cabe destacar también, que la teoría en cuestión, a diferencia de la teoría material, admite la existencia de varias clases de pretensiones, no solo las de carácter constitutivo, además de reconocer que la cosa juzgada se limita subjetivamente a las partes, en virtud de que la declaración de voluntad contenida en la sentencia atañe solo a ellas.

c) **Teoría normativa,** sostenida por Merkl y seguida por la Escuela Vienesa[31], trata de resolver la discusión en torno a la naturaleza de la cosa juzgada, al considerar la sentencia como una ley especial, equiparable plenamente en su valor al del Derecho objetivo, y como leyes inmutables en el tiempo; lo cual sucede cuando han transcurrido los términos de la impugnación. Argumentan que el legislador no contempla la

---

28   E. Liebman.: *Manual de Derecho Procesal Civil…. ob. cit.,* p. 594.

29   R. Duque C.: *Apuntaciones Sobre El Procedimiento Civil Ordinario.* Tomo II…. *ob. cit.,* p. 42.

30   J. Montero A.: *Derecho Jurisdiccional II Proceso Civil. … ob. cit.,* p. 480.

31   A. Réngel R.: *Tratado de Derecho Procesal Civil Venezolano.* Tomo II…. *ob. cit.,* p. 468.

posibilidad de modificación de la sentencia; y esa imposibilidad como ley especial, es lo que define la cosa juzgada[32].

Dicha teoría es criticada por partir del falso supuesto de la inmutabilidad de las leyes. Así, la Escuela Egológica presidida por su maestro Cossio replantea el asunto de la cosa juzgada y la concibe como: "la prohibición normativo-axiológica de la derogación de las normas individuales por otras normas posteriores reflexivas"[33].

La contradicción entre las teorías expuestas, básicamente entre la sustancial y la procesal conduce a pensar, tal como lo afirma Liebman que la cuestión se ha planteado sobre bases equivocadas, en razón de que la inmutabilidad de la sentencia no es ni sustancial ni procesal, sino que está referida a la eficacia de la sentencia; y, por ello, referido a un problema fundamental como es el de la posición y función del proceso en el ordenamiento jurídico. Tal cuestión, según el precitado Liebman, se explica en virtud de la relación recíproca que existe entre el derecho y el proceso, puesto que este último está subordinado al primero, dado que todo acto del mismo es aplicación del Derecho, y también el Derecho se subordina al proceso, en razón de que está destinado a ser y a valer, así como el juez lo constata y declara, con las providencias anexas consiguientes, ejecutivas y constitutivas.[34]

La eficacia de la sentencia, añade Liebman, es procesal, debido a que es un acto del proceso, pero incide en forma directa sobre el derecho declarado por el juez. Así, procesal es el instrumento y sustancial es el objeto sobre el cual el mismo ejercita su función declarativa y es allí donde derecho y proceso coinciden y se funden en una unidad, pues las distinciones son superadas por la resolución del juez que involucra la fuerza del Derecho.

---

32   J. Goldschmidt.: *Principios Generales del Proceso*, Vol. 1.... *op. cit.*, p. 10.

33   A. Réngel R.: *Tratado de Derecho Procesal Civil Venezolano*. Tomo II.... *ob. cit.*, p. 468.

34   E. Liebman.: *Manual de Derecho Procesal Civil*.... *ob. cit.*, p. 595.

Ahora bien, actualmente han sido superadas las contradicciones expuestas por las mencionadas teorías para explicar la naturaleza jurídica de la cosa juzgada material; en tal sentido, en cuanto a la cosa juzgada material se considera que su naturaleza es en esencia procesal, pues tal como se ha señalado, la cosa juzgada constituye el efecto jurídico mediato más importante del proceso; ello en razón de que este último no es sino un instrumento para alcanzar su fin, que no es otro que la realización de la justicia mediante una sentencia con carácter de cosa juzgada, atributo de la función jurisdiccional en virtud de la inimpugnabilidad y coercibilidad del fallo.

Estos aspectos vinculados al fallo son caracteres propios de su eficacia, que hacen posible su ejecución, satisfaciendo así la garantía a la tutela judicial efectiva necesaria para generar seguridad jurídica, pilar fundamental del Estado de Derecho. En sintonía con ello el Código de Procedimiento Civil en el Título VI denominado: "De los efectos del proceso", regula la cosa juzgada como instituto procesal, con lo cual se aleja de la concepción de presunción de verdad absoluta que recoge el Código Civil en el Artículo 1.395.

Como se realiza un análisis sobre la naturaleza procesal de la cosa juzgada, entonces, se aviene oportuno hacer una puntualización muy precisa sobre la definición de dicha institución. De inmediato su desarrollo.

2. *Concepto y clasificación de la cosa juzgada*

La cosa juzgada es definida como la imposibilidad de alterar mediante un recurso judicial o, en su caso de una nueva demanda el contenido de una resolución material o procesal, en el curso de un único proceso, así como sustantiva o de fondo, en el marco de sucesivos procesos[35].

Igualmente, ha sido definida como la fuerza que el ordenamiento jurídico concede al resultado de la actividad jurisdiccional declarativa, fuerza que consiste en la subordinación

---

[35]   Sonia Calaza López: *La Cosa Juzgada*. La Ley, Madrid 2009, p. 32.

a los resultados del proceso y que se resuelve en la irrevocabilidad de la decisión judicial[36]. De dicha definición resulta clara la vinculación que existe entre la jurisdicción y la cosa juzgada como efecto jurídico del proceso que garantiza la seguridad jurídica al impedir la reiteración indefinida de juicios y procura mediante el efecto de vinculación positiva a lo juzgado anteriormente, la armonía de las sentencias que dicten sobre el fondo de los asuntos prejudicialmente conexos.

Como corolario de lo anterior puede afirmarse que la cosa juzgada es un instituto procesal de carácter público, en razón de que su existencia encuentra justificación en la necesidad de dar firmeza a las sentencias que dictan los jueces en ejercicio de la función jurisdiccional, mediante la prohibición de volver a decidir lo juzgado, con el objeto de garantizar seguridad jurídica al sistema jurídico social.

Ahora bien, la doctrina y la jurisprudencia de manera mayoritaria han clasificado la cosa juzgada y hacen la distinción entre cosa juzgada formal y cosa juzgada material. Sin embargo, un sector de la doctrina española es partidario de fusionar ambos tipos de conceptos en una única noción de cosa juzgada, que sin venir acompañada de tales atributos, afectase, a todo tipo de resoluciones, tanto intra, como extraprocesales; y al estar fusionadas surtiese la eficacia vinculante, que es propia de esta institución, no sólo respecto del juez que está conociendo del proceso que se encuentre en etapa de sustanciación, sino también de otros jueces, en ulteriores procesos[37].

En tal sentido, Jordi Nieva Fenoll considera que el ordenamiento sería muchísimo menos complejo si se limitara a decir que la sentencias, una vez han sido dictadas, son invariables, por el mismo juez o por otros diferentes, en cualquier situación, en cualquier otro proceso[38]. Así, para el precitado

---

[36] Juan. Montero Aroca.: "La cosa juzgada conceptos generales". *Cuadernos de Derecho Judicial*. C.G.P.J. Madrid 1996, p. 69.

[37] S. Calaza L.: *La Cosa Juzgada*. Madrid…. *op. cit.*, p. 35.

[38] J. Nieva F.: *La Cosa Juzgada*. Barcelona. …*op. cit.*, p. 89.

autor carece de sentido la distinción anotada entre cosa juzgada formal y material, pues considera que la cosa juzgada es un concepto único, que tiene por objeto evitar que juicios futuros desvirtúen juicios pasados y que es esencial para la seguridad y para la coherencia del ordenamiento jurídico.

Igualmente, dentro de la referida posición se inscribe Juan Montero Aroca, quien cuestiona la distinción entre cosa juzgada formal y material, por considerar que la misma parte de un error conceptual derivado de la confusión sobre la inatacabilidad de las resoluciones judiciales. Para sustentar dicha tesis parte de la idea de que uno de los elementos integradores del concepto de jurisdicción es el de la irrevocabilidad de las decisiones que dictan los órganos jurisdiccionales, los cuales resuelven con cosa juzgada, por lo que la función jurisdiccional adquiere sentido debido a que la actuación del derecho se realiza en ella de modo estable, además de que la seguridad jurídica exige que los resultados del proceso no puedan ser atacados[39].

Con base en lo planteado anteriormente, el precitado autor señala que la cosa juzgada deber referirse únicamente a las sentencias que resuelven la cuestión de fondo planteada en el proceso por la pretensión del demandante y por la resistencia del demandado[40]. En consecuencia, concluye que la única cosa juzgada es la material mientras que la llamada formal no guarda relación con la anterior, pues se trata de lo que la propia ley denomina firmeza de las resoluciones que equivale a la inimpugnabilidad para las partes de una resolución.

Así las cosas, los mencionados autores no aceptan la distinción entre cosa juzgada formal y material, pues reducen el concepto de cosa juzgada al efecto que producen las sentencias firmes sobre el fondo en procesos distintos del que han

---

[39] Juan Montero Aroca: "Cosa Juzgada; Jurisdicción y Tutela Judicial". *Derecho Privado y Constitución*, N° 8. Centro de Estudios Constitucionales, Madrid 1996, pp. 255-256.

[40] J. Montero. A.: "Cosa Juzgada; Jurisdicción y Tutela Judicial".... *op.cit.*, p. 256.

recaído; es decir, circunscriben el instituto de cosa juzgada a la material y desplazan el de la llamada cosa juzgada formal por el concepto de firmeza.

Sin embargo, frente a la referida posición Andrés De La Oliva es partidario de seguir la distinción clásica entre cosa juzgada formal y material sostenida por la mayoría de la doctrina, y, a tal efecto, señala que los conceptos de inimpugnabilidad y firmeza a los que algunos autores reducen la cosa juzgada formal se limitan a expresar dos caracteres negativos: (a) la imposibilidad de impugnar la resolución y (b) la imposibilidad de sustituirla por otra distinta. Arguye que la cosa juzgada formal no se trata sólo de que la resolución que alcanza autoridad de cosa juzgada no pueda ser revocada y sustituida, sino que tiene que ser respetada; es decir, que se ha de partir de lo dispuesto en ella, con su concreto contenido, en el proceso y en la instancia en que se ha dictado, para los sucesivos actos del mismo proceso[41].

Al respecto, debe puntualizarse que en el desarrollo de la presente investigación se seguirá la clasificación propuesta por Andrés De La Oliva, seguida por la doctrina mayoritaria que distingue entre cosa juzgada formal y cosa juzgada material. Tal asunción se debe a que, aunque pareciera tenue la distinción apuntalada por Juan Montero Aroca entre la firmeza de las resoluciones y la cosa juzgada formal, se considera acertada la diferencia marcada por el mencionado Andrés De La Oliva entre el aspecto negativo de los términos inimpugnabilidad y firmeza de las resoluciones y el positivo de la cosa juzgada. Ello, en razón de la seguridad jurídica que representa para los justiciables el respeto que deben tener tanto el juez como las partes de las resoluciones que en el decurso del proceso se dicten permitiendo la marcha ordenada del mismo, hasta su conclusión con la sentencia definitiva que al alcanzar firmeza será vinculante para los procesos futuros.

---

[41]   Andrés De La Oliva Santos: *Objeto del Proceso y la Cosa Juzgada en el Proceso Civil*. Thomson Civitas, Navarra 2005, p. 99.

La utilidad de la clasificación entre cosa juzgada formal y cosa juzgada material encuentra sustento en que la primera se produce en el interior del proceso, con el fin de impedir la renovación de las cuestiones resueltas mediante una decisión interlocutoria cuando ésta adquiere firmeza. Con ello se marca la diferencia respecto de la cosa juzgada material cuyos efectos los genera la sentencia de mérito hacia el exterior del proceso en que se dicta y asegura la invariabilidad del fallo frente a todo eventual juicio que pretenda iniciarse sobre el mismo objeto.

Por tanto, la cosa juzgada formal se estudiará referida a las decisiones interlocutorias una vez que alcanzan firmeza la cual se traduce no solo en su inimpugnabilidad devenida de la preclusión de la oportunidad para el ejercicio de los recursos correspondientes, o de su inapelabilidad establecida por el legislador, sino además en el sometimiento tanto de las partes como del juez a lo decidido en ellas. Todo en aras de preservar la seguridad jurídica que debe prevalecer en todo juicio, única forma de desembarazar al proceso de las cuestiones incidentales y llegar así de forma célere a la sentencia de mérito que al quedar definitivamente firme hará cosa juzgada material.

Bajo las anteriores premisas se estudiará a continuación la clasificación anotada de la institución, la cosa juzgada formal y material.

3. *Formación de la cosa juzgada formal*

El proceso es el instrumento mediante el cual se cumple la función jurisdiccional; el mismo se desarrolla a través de una serie concatenada de actos que se cumplen en distintas etapas, hasta llegar a la sentencia de fondo. Ahora bien, en la medida en que en el transcurso del proceso las diversas cuestiones que surgen son decididas, tales como: presupuestos procesales, cuestiones previas, admisión de pruebas y otros asuntos similares, al transcurrir el lapso para su impugnación, se pierde la facultad de proponer cualquier alegación o recurso sobre el mismo asunto. Tal situación deviene en esa pérdida de dicha facultad, en razón de que la resolución que, sobre tales cuestiones, dicta el juez, mediante las denominadas sentencias interlocutorias, se convierte en pronunciamientos firmes.

Las decisiones interlocutorias son preparatorias de la sentencia de mérito y tienen una eficacia limitada al proceso en el cual se profieren, lo cual responde a razones de orden público procesal y de seguridad jurídica; además, se aviene la necesidad de fijar su resultado en la preclusión de la facultad de volver a discutir el mismo asunto en el mismo proceso, con la finalidad de lograr un desarrollo armónico del juicio, mediante la paulatina y definitiva supresión de los obstáculos.

Así, la preclusión definitiva de cuestiones dentro del juicio se produce cuando en el proceso se obtiene una sentencia que no está sometida a ninguna impugnación, toda vez que todos los asuntos litigiosos, incluso aquellos respecto de los cuales se decide no proseguir en el litigio, pese al mantenimiento de la confrontación, alcanzan un momento procesal de no retorno. Es allí cuando se origina la cosa juzgada en sentido formal. Ella es la expresión que define la imposibilidad de alterar por medio de un recurso judicial, el contenido de una resolución, material o procesal, firme e irrevocable, tanto en el marco del proceso como una vez finalizado éste. Tal imposibilidad de alteración es una consecuencia de la inexistencia, de la inutilización o, en su caso, del éxito o de la frustración de los medios de impugnación legalmente estipulados.[42]

A. *Regulación de la cosa juzgada formal en el ordenamiento jurídico venezolano*

En Venezuela el Código de Procedimiento Civil derogado -que fue promulgado en 1916-, regulaba de manera aislada la cosa juzgada al considerarla un presupuesto del proceso cuando se trataba como excepción de inadmisibilidad en el Artículo 257. O también, cuando la consideraba como motivo de nulidad o invalidación de las sentencias firmes para garan-

---

[42] S. Calaza L.: *La Cosa Juzgada.... op.cit.*, p. 53.

tizar el derecho a la defensa a tenor del Artículo 729, sin que pudiera ser alegada en juicio. Igualmente, se tenía como causal de inadmisibilidad de las demandas de *exequátur* con el objeto de preservar la jurisdicción de los tribunales venezolanos y la ejecutabilidad de las sentencias extranjeras, en los términos del Artículo 747. Asimismo, como límite de la jurisdicción voluntaria en conformidad con el Artículo 798 y como prueba de las obligaciones.

Tal regulación aislada, sin finalidad jurisdiccional sino exclusivamente procesal conducía a afirmar que, a diferencia de lo que ocurría en otras legislaciones, en el ordenamiento jurídico patrio, en concreto, el Artículo 162 del C.P.C. derogado, hoy Artículo 243 del C.P.C. vigente no permitía distinguir entre "cosa juzgada formal y "cosa juzgada material".[43] En efecto, el precitado Artículo 162 hacía alusión exclusivamente a la sentencia de fondo que resuelve el mérito del asunto controvertido entre las partes. No hacía referencia a las decisiones interlocutorias que se producen en el decurso del proceso al prescribir que toda sentencia debía contener decisión expresa, positiva y precisa, con arreglo a las acciones deducidas y a las excepciones o defensas opuestas.[44]

Así las cosas, la aparición de la referida distinción obedece a la evolución de la jurisprudencia conformada por las decisiones de la Corte Suprema de Justicia, dentro de las cuales Román Duque Corredor destaca las siguientes:

Sentencia de fecha 19 de noviembre de 1924 ratificada el 31 de octubre de 1961, fallo en que se sostuvo que los jueces no incurrían en error al desestimar la excepción de cosa juzgada, fundamentada en las sentencias firmes interdictales, con lo cual la casación aceptó dentro de la cosa juzgada un tipo diferente que no afecta al fondo o materia del juicio sino al procedimiento, lo que para el precitado autor constituye un precedente del concepto de cosa juzgada formal.

---

[43]   R. Duque C.: *Apuntaciones sobre El Procedimiento Civil Ordinario*. Tomo II.... *ob. cit.*, p. 30.

[44]   Arminio Borjas. *Comentarios al Código de Procedimiento Civil venezolano.* Tomo II. Librería Piñango, Caracas 1979, p. 109.

Asimismo, puntualiza que, en 1949, la casación, en materia de sentencias sobre declaración de filiación señaló que estas al agotarse los recursos solo producían temporalmente cosa juzgada formal, pues se hacen irrecurribles. Igualmente, destaca que en sentencia de fecha 28 de mayo de 1957 la casación vuelve a sugerir el concepto de cosa juzgada formal, sin mencionarlo, al expresar que la sentencia proferida en los juicios interdictales no amparaba a perpetuidad la situación creada con ellas. Esa situación se daba en razón de que la parte victoriosa no quedaba protegida contra nuevas acciones y a la parte perdidosa le quedaba abierta la posibilidad de interponer con éxito otras acciones posesorias.

Por último, señala Román Duque Corredor que en fecha 12 de enero de 1960, la Casación admitió expresamente los conceptos de cosa juzgada formal y cosa juzgada material en un caso de ejecución de una sentencia de divorcio proferida por un tribunal extranjero, cuyo *exequátur* había sido concedido. Puntualiza que la casación estableció que sí es posible distinguir dos tipos de cosa juzgada, la formal y la material; y cita los casos de decisiones en materia de patria potestad, guarda o educación de niños y adolescentes, debido a que en estas materias podía surgir un cambio de circunstancias que obligara a modificar posteriormente lo decidido en sentencia firme. Concluye expresando que era posible dentro de la hermenéutica del Derecho Procesal Civil patrio distinguir entre cosa juzgada sustancial y cosa juzgada formal.

De los referentes jurisprudenciales mencionados puede evidenciarse un concepto de cosa juzgada que alude al proceso cuando se produce la preclusión definitiva de cuestiones dentro del juicio, y otra atinente a la materia controvertida.

Actualmente, el Código de Procedimiento Civil recoge en el Artículo 272 la cosa juzgada formal al disponer que ningún Juez podrá volver a decidir la controversia ya decidida por una sentencia, a menos que haya recurso contra ella o que la Ley expresamente lo permita. Del contenido de la referida norma puede advertirse que el fundamento de la cosa juzgada formal no es otro que la preclusión de las impugnaciones del fallo. Su atributo responde a la necesidad de impedir que en el proceso se renueven cuestiones incidentales ya resueltas o contra las que ya transcurrió el lapso para la interposición de los recursos. Ello con el objeto de permitir la marcha ordenada del íter procedimental hasta llegar a la sentencia definitiva.

De este modo se produce la cosa juzgada *ad intra*; esto es, en el interior del mismo proceso, que impide la renovación de las cuestiones consideradas cerradas en el mismo; pero sin impedir su proposición en un proceso futuro, si la naturaleza de la cuestión lo permite.[45] Por ello, la cosa juzgada formal es un efecto interno de las decisiones intraprocesales; es decir, de las dictadas en el marco del proceso que en un momento determinado del mismo alcanza la fuerza que emana de dicha institución.

En efecto, a tenor de la referida norma, las decisiones judiciales firmes pasan, en autoridad de cosa juzgada formal, siempre que concurra cualquiera de los siguientes requisitos:

- Naturaleza inimpugnable de la resolución judicial dictada, en los casos que la propia ley dispone que contra la misma no procede recurso alguno.

- Total preclusión de los medios de ataque de dicha decisión.

- Pérdida material o procesal de los recursos, en razón de haberse desestimado la pretensión del recurrente, en la última instancia posible, o en su caso, la pérdida del derecho al recurso debido a la falta de un requisito indispensable para su admisión.

- La resolución del recurso o, en su defecto, la realización de cualquier acto de disposición de carácter procesal del recurso, como sería el desistimiento expreso por parte del recurrente.

---

45 A. Réngel R.: *Tratado de Derecho Procesal Civil Venezolano.* Tomo II.... *ob. cit.*, p. 472.

La referida disposición de la cosa juzgada formal en el Código de Procedimiento Civil, resulta equiparable a la establecida en el numeral 3 del Artículo 207 de la Ley de Enjuiciamiento Civil española, cuando señala que: "las resoluciones firmes pasan en autoridad de cosa juzgada y el tribunal del proceso en que hayan recaído deberá estar en todo caso a lo dispuesto en ellas".[46]

Sonia Calaza, al comentar la norma citada, señala que el legislador español identifica la cosa juzgada formal con la firmeza, inmutabilidad e invariabilidad de las resoluciones judiciales dentro del propio proceso. La firmeza supone la imposibilidad de recurrir las resoluciones judiciales, contra las que no cabe recurso alguno, o frente las que se dejaron transcurrir los plazos legalmente fijados para preparar, formalizar o interponer el oportuno recurso; así como aquellas contra las que se interpuso recurso, objeto de posterior acto de disposición expreso o con inobservancia de determinados requisitos formales. La invariabilidad e inmutabilidad significa la imposibilidad de variación, modificación o mutación esencial del contenido de una resolución judicial, en el marco de un determinado proceso, por parte del Tribunal que la haya dictado.[47]

En congruencia con lo expuesto, la cosa juzgada formal se vincula con la firmeza y la invariabilidad de las decisiones. La firmeza es la que imposibilita a las partes recurrir una decisión y la invariabilidad es la que impide al órgano jurisdiccional volver atrás en el proceso para pronunciarse sobre asuntos ya resueltos, o sobre los que haya operado la preclusión de las impugnaciones y modificar el contenido de la decisión. Igualmente, si la cosa juzgada formal se origina dentro del mismo proceso en que la decisión se dicta y si incide directamente en su desarrollo posterior, lo natural es que no se produzca por la sentencia definitivamente firme que pone fin al proceso, en razón a que ya no se producirá actividad procesal alguna.

---

[46] *Ley de Enjuiciamiento Civil.* 18ª edición. Tirant Lo Blanch. Valencia 2011, p. 233.

[47] S. Calaza L.: *La Cosa Juzgada....* op. cit., pp. 41-42.

B. *Efectos de la cosa juzgada formal*

La cosa juzgada formal genera dos efectos: uno positivo y otro negativo. El primero supone el deber del juez de someterse a lo resuelto en las decisiones proferidas en un momento anterior del propio proceso, por lo que todas las resoluciones dictadas con posterioridad partirán de la existencia de lo ya decidido. El segundo supone que en el decurso del proceso le está vedado a las partes pedir y al tribunal pronunciarse en contra de lo ya decidido. Tal limitación se debe a que una vez que el juez resuelve las cuestiones incidentales dentro del proceso nace para él una prohibición legal de volver a decidir sobre ellas, por expresa disposición del Artículo 272 del Código de Procedimiento Civil. Así se genera la confianza o certeza entre los justiciables de que las condiciones procesales sean siempre las mismas y que los derechos adquiridos por las partes no se vulneren arbitrariamente.

Efecto positivo se traduce en la obligación que tiene el juez de respetar en el decurso del proceso lo resuelto precedentemente mediante las llamadas decisiones interlocutorias que han adquirido firmeza; ello con el objeto de evitar la proliferación de decisiones contradictorias a lo largo del recorrido procesal que impedirían su culminación con la sentencia definitiva. Ha de ser así ya que las decisiones que se profieren a lo largo del proceso constituyen la causa de las siguientes, pues la actuación del juez y de las partes debe ajustarse a su contenido debido a la preclusión de las impugnaciones. De modo que tal como se ha indicado esa actuación atiende a razones de seguridad jurídica, así como de ordenación lógica y razonable del proceso, en el cual el juez ha de construir un discurso con el desarrollo unitario, sin quiebras, que no produzca contradicciones, ni conduzca a equívocos.[48]

Sin embargo, el referido efecto positivo no se extiende a la segunda instancia cuando se trata de asuntos resueltos mediante sentencias interlocutorias que por disposición expresa del legislador no tienen apelación; tal sería el caso de la deci-

---

[48] S. Calaza L.: *La Cosa Juzgada....* *op. cit.*, p. 65.

sión sobre las cuestiones previas contempladas en los ordinales 2° al 8° del Artículo 346 del Código de Procedimiento Civil, que no tienen apelación de conformidad con lo dispuesto en el Artículo 357 *eiusdem*, lo que no es óbice para que el juez de segunda instancia -cuando conozca del recurso de apelación sobre la decisión que resuelva el fondo de la causa-, pueda entrar a conocer sobre las referidas cuestiones previas. Eso ha de darse siempre que el recurrente -en la primera oportunidad en que ocurra al proceso después de proferida la referida decisión- la contradiga expresamente mediante su impugnación, y con fundamento en ello formule algún alegato sobre las mismas en la oportunidad de presentar informes ante la alzada.

De igual modo, el efecto vinculante no se extiende a la Casación cuando se trata de decisiones interlocutorias contra las que no procede el recurso de casación de inmediato sino diferido; tal sería el caso de las que al resolver una incidencia reponen la causa, o las que hayan producido un gravamen a la parte y no sea reparado por la sentencia de fondo dictada en segunda instancia.

Efecto negativo se explica por la inmutabilidad de la sentencia en razón de la preclusión de los recursos, que hace que la sentencia sea inatacable en el ámbito del proceso pendiente, de modo que este tenga término.[49] Esto quiere decir que la cosa juzgada formal es el efecto de la preclusión del derecho a provocar el cambio de la decisión, o sea, de impugnarla.[50]

Así, el efecto de la cosa juzgada formal se equipará con el efecto de la preclusión dado que ambos se circunscriben al proceso en el que tiene lugar; la preclusión es entendida como la pérdida de la facultad procesal para proponer alegatos sobre determinado asunto en el proceso por haber llegado al límite fijado por el legislador para el ejercicio de dicha facultad en una fase del mismo.

---

[49]   A. Réngel R.: *Tratado de Derecho Procesal Civil Venezolano*. Tomo II.... *ob. cit.*, p. 473.

[50]   F. Carnelutti.: *Instituciones de Derecho Procesal Civil*.... *ob. cit.*, p. 107.

En consecuencia, se hace necesario el respeto y subordinación por las partes a lo decidido en el decurso del proceso; ello es así, pues toda decisión dictada en dicho proceso despliega de inmediato sus efectos dentro de éste; y si la parte que se considera afectada con el fallo no lo impugna oportunamente mediante el ejercicio de los recursos correspondientes, no puede pretender atacar de nuevo la cuestión que ya fue resuelta en búsqueda de un pronunciamiento distinto al que no le favoreció. Y no lo podrá hacer dado que ello puede hacer interminable el juicio, lo cual debe ser prevenido por el juez en procura de preservar la seguridad jurídica y no resolverá sobre los aspectos resueltos que han adquirido fuerza de cosa juzgada por la preclusión de los recursos.

Así las cosas, los jurisdicentes han de ajustarse a lo juzgado en un proceso anterior, cuya conexividad con la actual decisión sea muy estrecha y evitará en todo lo posible mayores dilaciones del proceso que causaría gravamen a la otra parte a la que le fue concedido el derecho.

4.   *Formación de la cosa juzgada material*

La sentencia que resuelve el fondo de la materia controvertida en el proceso produce la cosa juzgada material; por ello, su ámbito de actuación es en otro proceso distinto y posterior, y supone la vinculación en ese otro proceso al contenido de lo decidido en la sentencia sobre el fondo del asunto del primer proceso, es decir, a la estimación o desestimación de la pretensión.[51] Los efectos de la cosa juzgada material, a diferencia de la formal, no son de carácter interno, sino externo; es decir, fuera del proceso en el que se profiere la sentencia de mérito y garantiza la invariabilidad del fallo frente a cualquier proceso futuro que comience sobre el mismo objeto.

En efecto, la cosa juzgada material puede definirse como la vinculación que producen determinadas resoluciones firmes, -normalmente las sentencias-, sobre el fondo, y que se

---

[51]   Juan Montero Aroca: *Derecho Jurisdiccional II Proceso Civil.... op. cit.,* pp. 477-478.

concreta en el deber que incumbe al órgano jurisdiccional, que conoce de un nuevo proceso, de abstenerse de dictar una nueva resolución sobre el fondo de la cuestión litigiosa cuando esta sea idéntica a la que ya fue decidida en la resolución que produce la cosa juzgada (efecto negativo o excluyente); o en el deber de atenerse a lo resuelto en ésta y tomarla como presupuesto de la decisión cuando se presente como condicionante o prejudicial de la cuestión que constituye el objeto del nuevo proceso (efecto positivo o prejudicial).[52]

Por ello, constituye un requisito condicionante e indispensable de su apreciación la previa determinación de la eficacia de la cosa juzgada formal en el proceso; y en tal virtud - tal como se señaló- debe haber entrado el juzgador a conocer del fondo del asunto controvertido. No resulta suficiente la falta de presupuestos procesales que impidan la emisión de un pronunciamiento firme y motivado en relación con todas y cada una de las pretensiones de las partes.[53]

Así, la definición de cosa juzgada material comprende tanto la eficacia o fuerza obligatoria de la sentencia como su invariabilidad; ello en razón de que la misma no puede ser impugnada directamente mediante la interposición de recursos, ni indirectamente por el inicio de un nuevo juicio, cuyo objeto sea idéntico al resuelto por la sentencia dictada en el proceso primigenio. Se ha de valorar que la única forma de desvirtuar la fuerza de la cosa juzgada sería mediante las vías extraordinarias como la demanda de invalidación, la revisión constitucional y el amparo, que se estudiarán en el tercer capítulo.

---

[52]   Pablo Grande Seara: *La Extensión Subjetiva de la Cosa Juzgada en el Proceso Civil*. Tirant Lo Blanch, Valencia 2008, p. 47.
[53]   S. Calaza L.: *La Cosa Juzgada.... op. cit.*, p. 74.

A. *Regulación de la cosa juzgada material en el ordenamiento jurídico venezolano*

a. *Constitucional*

El fundamento de la cosa juzgada material en el ordenamiento jurídico patrio encuentra raigambre en la Constitución de la República Bolivariana de Venezuela en el ordinal 7º del Artículo 49, al establecer expresamente la prohibición para los órganos jurisdiccionales de condenar a una persona nuevamente por los mismos hechos por los cuales hubiese sido juzgada anteriormente. Igualmente, dicho principio engendra el derecho que tiene toda persona a no ser juzgada nuevamente por circunstancias que hubiesen sido objeto de una decisión en un juicio debido, que no es otro que la antigua regla *non bis in ídem*.

Asimismo, la cosa juzgada material encuentra sustento en la garantía jurisdiccional a la tutela judicial efectiva establecida en el Artículo 26 constitucional que comprende el derecho de toda persona de acceder a los órganos jurisdiccionales para hacer valer sus derechos a través de un proceso debido. De ese modo obtiene la tutela de los mismos mediante una sentencia que sea ejecutable en sus propios términos, merced a la invariabilidad de las resoluciones judiciales firmes, y de otro lado, en la seguridad, certeza y paz jurídica, esencia de la jurisdicción.[54]

En tal sentido, la Sala Constitucional del Tribunal Supremo de Justicia en decisión N° 2.326 de fecha 02 de octubre de 2002, destacó que el concepto moderno de cosa juzgada tiene un indiscutible contenido axiológico en procura de la realización de la justicia mediante la tutela judicial efectiva de los derechos de los justiciables; por tanto, alcanza una dimensión constitucional que se proyecta sobre la mencionada garantía jurisdiccional y el debido proceso; ello en razón de que resulta contraria a la primera, la no ejecución del fallo en sus propios términos; además, viola el segundo el revisar fuera de

---

[54] S. Calaza L.: *La Cosa Juzgada ...op. cit.*, p. 48.

los supuestos previstos en la ley el juicio definitivo efectuado en un caso concreto.[55]

Conforme con lo expuesto, puede afirmarse que el derecho a la ejecución de la sentencia forma parte de la tutela judicial efectiva; si no se hace de ese modo, no existiría efectividad en la función jurisdiccional, si sólo se garantiza el acceso a los tribunales y la obtención de un fallo motivado, congruente y recurrible, pero sin la posibilidad para el justiciable de ejecutar de manera efectiva el fallo. Ello supone la identidad entre lo que se ejecuta y lo estatuido en la sentencia que, necesariamente, se traduce en la invariabilidad de la cosa juzgada que implica la vinculación e inalterabilidad de las resoluciones judiciales firmes, en razón de que la ejecución judicial no puede abarcar asuntos no debatidos ni decididos en el proceso.

b. *Legal*

El Código Civil contempla la cosa juzgada en el Artículo 1395.3 en los siguientes términos: "La presunción legal es la que una disposición especial de la Ley atribuye a ciertos actos o a ciertos hechos. Tales son:...3°- La autoridad que da la Ley a la cosa juzgada..."[56]. Así, la cosa juzgada es considerada por el legislador como una presunción *iuris et de iure*; es decir, como una presunción de verdad con un valor absoluto. Sin embargo, a pesar de la vigencia de la referida disposición, actualmente la referida tesis ha sido superada, al considerar que la cosa juzgada tiene un valor relativo, lo cual responde a la necesidad de encontrar un equilibrio entre la seguridad jurídica y la justicia.

En sintonía con la referida tesis que considera a la cosa juzgada un valor relativo, Juan Montero Aroca señala que la concepción que le otorgaba el carácter de presunción de verdad en el Artículo 1.251 del Código Civil español derogado, actualmente resulta inadmisible por las siguientes razones:

---

[55] http://www.tsj.gov.ve/decisiones/scom/Octubre/2326-021002-0228.

[56] Código Civil de Venezuela. Gaceta Oficial N° 2.990 del 26 de julio de 1982.

1°) Las decisiones judiciales no son declaraciones de verdad, sino de voluntad; la sentencia no vincula por sus razonamientos, sino porque contiene la voluntad del Estado y sin perjuicio, naturalmente de que no puede ser arbitraria y de la necesidad de la motivación.

2°) Como ficción de verdad la cosa juzgada no podrá limitarse subjetivamente a las partes, sino que habría de referirse *erga omnes,* pues de lo contrario se incurriría en el absurdo de que unos hechos serían verdaderos para unas personas, pero no para otras.[57]

Cabe destacar tal como antes se apuntó que el ordenamiento jurídico venezolano otorga a la cosa juzgada un valor relativo, de *presunción iuris tantum.* Se abandona la concepción de verdad absoluta recogida en el Código Civil, lo cual se evidencia de la incorporación en el Código de Procedimiento Civil de la demanda de invalidación y del fraude procesal. Éstas permiten obtener la nulidad de una sentencia dictada con apariencia de cosa juzgada; además, se cuenta con los mecanismos como el amparo y la revisión constitucional que hacen posible enervar los efectos de la cosa juzgada cuando la sentencia arropada -con tal carácter- resulta violatoria a los derechos y garantías constitucionales, y desvirtúa al proceso de su finalidad: el de ser un instrumento para realización de la justicia.

B.   *Efectos de la cosa juzgada material*

Tal como antes se indicó, la cosa juzgada material supone la vinculación para el órgano jurisdiccional que conoce de un proceso posterior al contenido de lo decidido en la sentencia de mérito del proceso primigenio. Ahora bien, la aludida vinculación puede manifestarse de dos formas diferentes, que son las llamadas funciones o efectos de la cosa juzgada material: efecto negativo o excluyente y efecto positivo o prejudicial.

---

[57]   J. Montero A.: *Derecho Jurisdiccional II Proceso Civil…. op. cit.,* p. 479.

a. *Efecto negativo o excluyente*

El referido efecto o función negativa o excluyente supone la exclusión de toda decisión jurisdiccional futura cuando haya la participación de las mismas partes, y que tengan el mismo objeto, es decir, la misma pretensión. Rige el tradicional principio del *non bis in ídem*.[58] Por tanto, para que se produzca tal efecto, debe existir absoluta identidad entre la pretensión que ya ha sido juzgada y la que es ejercida en el nuevo proceso, lo que impedirá al juez que conoce del proceso ulterior pronunciarse sobre el fondo de la materia controvertida bajo su decisión.

Dicho efecto está previsto en el Artículo 272 del Código de Procedimiento Civil al disponer "Ningún Juez podrá volver a decidir la controversia ya decidida por una sentencia, a menos que haya recurso contra ella o que la Ley expresamente lo permita".[59]

Conforme con el texto de la norma citada, el efecto negativo de la cosa juzgada material no puede impedir en la práctica el inicio y desarrollo de un nuevo proceso sobre un asunto ya decidido; sin embargo, la prohibición encuentra sentido cuando se alega o se evidencie la existencia de la cosa juzgada, dado que el proceso posterior encontrará su fin mediante una sentencia que lo declarara extinguido y no contendrá pronunciamiento sobre la cuestión de fondo.

La regulación que el Código de Procedimiento Civil da al efecto negativo de la cosa juzgada se desprende del Artículo 346 ordinal 9° conforme con el cual el demandado puede alegar la existencia de la cosa juzgada antes de dar contestación a la demanda como cuestión previa; también encuentra respaldo en el Artículo 361 *eiusdem* a tenor del cual puede en la contestación de la demanda alegarla como defensa perentoria; en el primer caso el Tribunal decidirá al décimo día si-

---

58 J. Montero A: *Derecho Jurisdiccional II Proceso Civil…. ob. cit.*, p. 483.

59 Código de Procedimiento Civil. Gaceta Oficial N° 4.209 Extraordinaria de fecha 18 de septiembre de 1990.

guiente al vencimiento de la articulación probatoria de ocho días prevista en el Artículo 352 del mencionado Código; y en el segundo caso se pronunciará como un punto previo en la oportunidad de dictar la sentencia de fondo.

Así las cosas, el demandado deberá aducir, bien como cuestión previa o como excepción procesal perentoria, el efecto negativo de la cosa juzgada. Sin embargo, dada la importancia que ésta reviste y la vinculación que tiene con la efectiva realización de la función jurisdiccional, que transciende los intereses particulares de los justiciables, la jurisprudencia de la Sala de Casación Civil del Tribunal Supremo de Justicia ha establecido la posibilidad de alegarla hasta la oportunidad de la presentación de los informes en segunda instancia. Ello se debe a que, en definitiva, patentiza el Estado de Derecho establecido en el Artículo 2 constitucional. Además, en razón de que el ordenamiento procesal no reguló la oportunidad para proponer la cosa juzgada cuando la misma se haya producido con posterioridad a la contestación a la demanda, y visto que es una garantía de orden constitucional.

En tal supuesto, la parte que la pretenda hacerla valer deberá consignar, a los efectos de la prueba, copia certificada de la sentencia pasada con autoridad de cosa juzgada, de conformidad con el Artículo 520 del Código de Procedimiento Civil. Ello no es óbice para que, a falta de consignación de dicho instrumento, el juez dicte un auto para mejor proveer y acuerde la presentación del mismo a tenor de lo previsto en el Artículo 514 ordinal 2° del mismo Código.[60]

De igual forma, debe señalarse que en razón del carácter público que reviste la cosa juzgada material, cuyo objeto fundamental es garantizar el Estado de Derecho y la paz social, dado que su autoridad es una manifestación de la función jurisdiccional del Estado, además de que ostenta rango constitucional pues es uno de los derechos que conforman el debido

---

[60] http://www.tsj.gov.ve/decisiones/scc/Diciembre/857-101208-2008-07-722.

proceso, la Sala de Casación Civil ha establecido que su existencia puede ser apreciada de oficio por el juez.[61]

Asimismo, en sintonía con el espíritu del constituyente y con los criterios jurisprudenciales expuestos de otorgar a la cosa juzgada material el resaltado carácter público, el legislador ha establecido la posibilidad de su declaratoria de oficio en la Ley Orgánica de la Jurisdicción Contencioso Administrativa; así lo contempla en el numeral 5 del Artículo 35 la existencia de la cosa juzgada como uno de los supuestos que permiten la declaratoria de inadmisibilidad de la demanda; con ello se patentiza el efecto negativo de la cosa juzgada material, cuando establece la imposibilidad de incoar un nuevo proceso sobre un asunto que ya haya sido juzgado en un proceso anterior. Eso se traduce en la inadmisión *in limini litis* de la nueva demanda sobre el mismo objeto de la controversia ya decidida.

En tal sentido, cabe señalar que si bien en el Código de Procedimiento Civil no está contemplada en forma expresa la existencia de la cosa juzgada, como causal de inadmisibilidad de la demanda, en opinión de la autora de esta obra, es que al estar previsto en el Artículo 341 *eiusdem*, como motivo de inadmisibilidad de la demanda el ser contraria a una disposición expresa de ley, ello sirve de fundamento para que el juez pueda declarar inadmisible la demanda. Y así la declarará cuando se percate de la existencia de la cosa juzgada, pues su admisión resulta en todo caso contraria con lo dispuesto en el Artículo 49 ordinal 7° constitucional, así como con lo establecido en los Artículos 272 y 273 del Código Procesal.

Por último, es preciso señalar que, para que en un proceso se pueda apreciar la existencia de la cosa juzgada material en su efecto o función negativa, es indispensable que haya identidad entre el objeto del nuevo proceso y aquél en que se configuró la cosa juzgada; así como identidad de objetos procesales o de pretensiones, que a su vez, implica la identidad de los elementos que los definen o individualizan, es decir, de

---

[61]   http://www.tsj.gov.ve/decisiones/scc/Mayo/217-100505-031169.

los respectivos sujetos y de las respectivas peticiones y causas de pedir.[62]

b. *Efecto positivo o prejudicial*

Supone el deber del juez de ajustarse a lo juzgado cuando haya de decidir sobre una relación jurídica de la que la sentencia anterior es condicionante o prejudicial. [63]. Tal efecto se encuentra contemplado en el Artículo 273 del Código de Procedimiento Civil al señalar: "La sentencia definitivamente firme es Ley entre las partes en los límites de la controversia decidida y es vinculante en todo proceso futuro" [64]. El predicado efecto positivo tiene como objeto impedir que dos relaciones jurídicas sean decididas en forma contradictoria, cuando una de ellas entra en el supuesto fáctico de la otra; esto es, cuando para resolver sobre la segunda se tendría que decidir sobre la primera y esta ha sido ya sentenciada en un proceso anterior.

Así el efecto positivo vincula en el proceso posterior a que el juzgador del mismo se atenga a lo ya juzgado, cuando tenga que decidir sobre una relación o situación jurídica de la que la sentencia anterior es condicionante o prejudicial.[65] De conformidad con el efecto positivo, la cosa juzgada no opera como excluyente de la decisión sobre el fondo del asunto controvertido en el proceso posterior, sino que le sirve de fundamento.

Tal como lo apunta Grande Seara el efecto positivo comprende dos aspectos, a saber: (a) su contenido y (b) los requisitos o presupuestos para que produzca. El contenido se concreta en la vinculación al juez que conoce de un proceso, en vir-

62   P. Grande S.: *La Extensión Subjetiva de la Cosa Juzgada en el Proceso Civil.... op. cit.*, p. 89.

63   J. Montero A.: *Derecho Jurisdiccional II Proceso Civil.... ob. cit.*, p. 483.

64   Código de Procedimiento Civil. Gaceta Oficial N° 3.970 Extraordinario de 13 de marzo de 1987.

65   J. Montero. A.: "Cosa Juzgada; Jurisdicción y Tutela Judicial" *....op. cit.*, p. 270.

tud de la cual deberá ajustarse a lo decidido con carácter de cosa juzgada en un proceso anterior. Los requisitos o presupuestos atienden a que lo resuelto mediante sentencia definitivamente firme, en un proceso anterior sea antecedente lógico de la materia controvertida objeto del nuevo proceso: "es decir, que sea prejudicial respecto de este, y que exista identidad subjetiva entre ambos procesos".[66]

Así las cosas, el efecto positivo se diferencia del negativo en que el primero no impide un pronunciamiento judicial sobre el fondo del asunto que es objeto del nuevo proceso instaurado; ello en razón a que no existe identidad plena entre el objeto del segundo proceso con el del proceso ya terminado. Sin embargo, entre la *res iudicata* y la *res iudicanda* existe un nexo de prejudicialidad; es decir, ésta es dependiente de aquella, lo que se traduce en que lo juzgado forma parte de la causa *petendi* del nuevo proceso, y por lo tanto del *thema decidendum* del juez que conoce del mismo.[67]

En consecuencia, para que opere el efecto positivo de la cosa juzgada no es necesaria la concurrencia en los dos procesos de la identidad objetiva; basta con que los objetos de los dos procesos sean parcialmente idénticos; es decir, que exista conexión entre la materia ya juzgada en el proceso anterior y la deducida en el nuevo; pero sí debe existir la identidad subjetiva, tomando en cuenta que lo importante no es la identidad física entre las partes de uno y otro proceso, sino su identidad jurídica, es decir, el título o la posición jurídica en razón de la cual litigan.

A manera de ejemplo, un caso claro del efecto positivo sería en un juicio de partición de comunidad hereditaria donde intervenga un tercero alegando ser el concubino del causante cuando ya exista una sentencia con carácter de cosa juzgada dictada en un proceso previo que declaró sin lugar el

---

[66] P. Grande S.: *La Extensión Subjetiva de la Cosa Juzgada en el Proceso Civil.... op. cit.*, p. 97.

[67] P. Grande S.: *La Extensión Subjetiva de la Cosa Juzgada en el Proceso Civil.... op. cit.*, p. 97.

reconocimiento de la unión concubinaria demandada por el tercero que pretende intervenir con tal carácter; en este caso, la referida sentencia será condicionante para el juez en el proceso de partición para declarar sin lugar la tercería.

En tal sentido, cabe destacar que a la parte que alegue en el nuevo proceso el efecto positivo de la cosa juzgada material proveniente de una sentencia definitivamente firme, le corresponde la carga de demostrar al juez la existencia de dicha sentencia y su contenido. Este alegato lo podrá hacer, tal como se indicó cuando se analizó el efecto negativo, hasta la oportunidad de presentar informes en segunda instancia; ello en razón de que la decisión puede ser aportada como documento público, de conformidad con lo dispuesto en el Artículo 520 del Código de Procedimiento Civil.

CAPÍTULO II

ALCANCE DE LOS EFECTOS DE LA COSA JUZGADA MATERIAL CON RELACIÓN A LAS PARTES DEL PROCESO Y CON LOS TERCEROS

La extensión de la cosa juzgada material se precisa cuando se diferencian los límites de sus efectos; la diferenciación pone de manifiesto la estrecha vinculación que existe entre la cosa juzgada y la sentencia, puesto que esta última es la que va a fijar los límites de la primera. En consecuencia, para analizar el alcance de los efectos de la cosa juzgada material, debe hacerse referencia a los límites objetivos y subjetivos de la eficacia de la sentencia.

Tales límites se infieren del último aparte del Artículo 1.395 del Código Civil que establece: la autoridad de la cosa juzgada no procede sino respecto de lo que ha sido objeto de la sentencia, para lo cual es necesario que la cosa demandada sea la misma; a su vez, que la nueva demanda esté fundada sobre la misma causa y que sea entre las mismas partes, las cuales deben venir a juicio con idéntico carácter que en el anterior.

En efecto, conforme con la referida norma, para la apreciación de la cosa juzgada, es necesario que en el ulterior proceso el juez verifique la llamada triple identidad que se sustenta en los presupuestos materiales de la pretensión. Ellos son condicionantes de la eficacia del proceso y se clasifican en objetivos y subjetivos. Dentro del primer grupo se encuentra el objeto procesal, conformado por el *petitum* o petición y la causa *petendi* o causa de pedir. El segundo comprende las personas y el carácter con que estas actúan. A continuación, se estudiarán tales conceptos, así como la necesidad o no de su presencia en los procesos anterior y ulterior cuando se trate de precisar la existencia de la cosa juzgada.

1. *Límites objetivos de la cosa juzgada*

Así las cosas, el límite objetivo de la cosa juzgada va a ser definido por los requisitos objetivos de la pretensión; es decir, por el objeto y la *causa petendi*, los cuales se desarrollarán a continuación.

El objeto de la pretensión es un punto polémico en la doctrina. Para algunos, es el interés jurídico que se hace valer en la misma. Dicho interés está constituido por un bien de la vida, que puede ser una cosa material, mueble o inmueble, o un derecho u objeto incorporal[68].

Otro sector de la doctrina plantea el problema de la determinación del objeto de la pretensión desde la óptica que distingue dos órdenes de cuestiones; en primer lugar, qué es lo que por haber sido juzgado resulta vinculante para los ulteriores procesos; y, en segundo lugar, qué es lo que ha de compararse con el objeto del segundo proceso; esto es lo relativo a las identidades necesarias entre lo resuelto en el primer proceso y lo que ha de resolverse en el segundo[69]. Con tal planteamiento, se debe definir qué es lo juzgado que se traduce según Andrés De La Oliva, en el verdadero objeto de la cosa juzgada respecto del cual distingue entre el objeto actual y virtual del proceso. El objeto actual del proceso constituido por lo que el actor plantee tempestivamente y por lo que el demandado suscite, también en tiempo y en forma, cuando no se limita a oponerse a la pretensión del actor y niega su fundamento so-

---

[68]   A. Réngel R.: *Tratado de Derecho Procesal Civil Venezolano.* Tomo II.... *op. cit.,* p. 476.

[69]   Isabel Tapia Fernández: "Efectos Objetivos de la cosa juzgada". *Efectos Jurídicos del proceso (Cosa juzgada. Costas e intereses. Impugnaciones y jura de cuentas).* Cuadernos de Derecho Judicial. Madrid. CGPJ, 2000, p. 164.

bre el cual habrá de pronunciarse el tribunal[70]. Así el objeto actual del proceso lo determinan la pretensión del actor y su fundamento, y las excepciones opuestas por el demandado.

El objeto virtual del proceso lo define como aquello sobre lo que no tiene por qué proyectarse la actividad de las partes y del tribunal en el correspondiente proceso; pero que, sin embargo, en relación con otros procesos valdrá como objeto procesal o tendrá la virtualidad de éste. Por tanto, la eficacia se despliega hacia afuera del proceso mismo, cuando se trata de establecer si el objeto de varios procesos es el mismo o si el de uno de ellos comprende el de un proceso distinto, aún pendiente o ya terminado[71].

En opinión del mencionado autor la determinación del referido objeto virtual vendría dado por: los sujetos, el *petitum* y por todos los hechos, fundamentos y títulos jurídicos que se hubiesen podido aducir, aunque no se hicieran valer en un determinado proceso. Tal concepto encuentra su razón de ser cuando se trata de decidir si procede la litispendencia y la cosa juzgada, además de la acumulación de procesos. Lo expuesto por Andrés De La Oliva no es más que la aplicación de la máxima según la cual la cosa juzgada cubre lo deducido y lo deducible, por lo que todas las razones que se alegaron o se pudieron alegar por el demandante y el demandado quedarían cubiertas por lo juzgado.

Para Augusto Martín De La Vega la referida máxima no se traduce simplemente en un elemento para determinar lo juzgado, sino en un criterio para comparar lo juzgado con la acción que se pretende[72]; esta aspecto, en España, ha sido aclarado por la Ley de Enjuiciamiento Civil en el segundo párrafo del Artículo 222.2 al prescribir que se consideran hechos nue-

---

[70] Andrés De La Oliva Santos: *Objeto del Proceso y la Cosa Juzgada en el Proceso Civil*. Navarra. Thomson Civitas, 2005, p. 76.

[71] A. De La Oliva S: *Objeto del Proceso y la Cosa Juzgada en el Proceso Civil…. op. cit.*, p. 78.

[72] Augusto Martín De La Vega: *Cosa Juzgada, Eficacia Prejudicial y Artículo 24.CE.* Celarayn, S.L, León. España 2002, p. 65.

vos y distintos -en relación con el fundamento de las referidas pretensiones-, los posteriores a la preclusión de las alegaciones en el proceso en que ellos se formularen. Por su parte, el Artículo 400.2 establece que a efectos de la litispendencia y de la cosa juzgada, los hechos y los fundamentos jurídicos - aducidos en un litigio- se consideran los mismos que los alegados en otro juicio anterior si hubiesen podido alegarse en éste[73].

La aludida combinación normativa, según el precitado autor, constituye una de las novedades que ofrece la Ley de Enjuiciamiento Civil de la regulación de la cosa juzgada, al ofrecer un criterio que permite diferenciar cuando se está ante una nueva pretensión y cuando no. Ello con respecto a los efectos de la cosa juzgada y, además, viene a consagrar el principio según el cual la cosa juzgada cubriría tanto lo deducido como lo deducible. A los efectos, ha de hacerse una interpretación restrictiva, tendente a no provocar una auténtica denegación de justicia[74].

Respecto a la aplicación de la referida máxima se considera que la misma encuentra justificación en la necesidad de impedir la reiteración de juicios por alegaciones que pudieron realizarse en el proceso primigenio y no se formularon en su oportunidad; ello con la finalidad de preservar la seguridad jurídica. Piénsese, por ejemplo, en un juicio de prescripción adquisitiva cuando el demandado propietario no alega en la oportunidad de dar contestación a la demanda que el actor no posee el bien en nombre propio, sino con el carácter de enfiteuta o de comodatario. Pero, luego de terminado el juicio mediante sentencia definitivamente firme a favor del demandante, el demandado pretende intentar un nuevo juicio por reivindicación bajo este fundamento que, aun cuando no hubiese sido deducido en el juicio de prescripción, formaba parte de lo deducible y, en consecuencia, de lo juzgado.

---

[73] Ley de Enjuiciamiento Civil....*op.cit.*, pp. 242-336.

[74] Augusto Martín De La Vega.: *Cosa Juzgada, Eficacia Prejudicial y Artículo 24. CE...op. cit.*, p. 66.

Cabe destacar que aun cuando la referida máxima no está expresamente regulada en el Código de Procedimiento Civil, si tiene aplicación en la práctica; no obstante, corresponde a los jueces examinar -cuidadosamente- si los hechos aducidos en el proceso posterior pudieron serlo en el primigenio, para que se configure la cosa juzgada. Dejará a salvo los supuestos en que se trate de modificaciones temporales surgidas con posterioridad a la preclusión de las alegaciones en el proceso anterior, que impliquen un verdadero cambio en la causa de pedir. Si así ocurriere, entonces, no sería aplicable la regla pues se vulneraria la tutela judicial efectiva de los justiciables.

Con la finalidad de individualizar con exactitud el objeto de un determinado proceso ya resuelto por sentencia definitivamente firme sobre el fondo para distinguirlo de otro pendiente de resolución, es necesario determinar con carácter previo, si la causa *petendi* o fundamentación de dicho objeto está integrada por los elementos fácticos y jurídicos o tan sólo por los elementos fácticos.

Al respecto, han surgido en la doctrina dos teorías. La teoría de la sustanciación, con arreglo a la cual la causa *petendi* que conforma con el *petitum*, el objeto del proceso está integrada exclusivamente por los hechos históricos con relevancia jurídica; esto es, por aquellos hechos que, por ser subsumibles en las normas materiales, se erigen en el auténtico sustrato fáctico del objeto inmediato de la pretensión. Y la teoría de la individualización conforme con la cual la causa *petendi* estaría integrada no sólo por los hechos, sino también por la subsunción de dichos hechos empíricos en las normas jurídicas; de suerte que el cambio de la calificación jurídica haría posible una vez concluido el proceso por sentencia firme sobre el fondo el replanteamiento *ad infinitum* de aquellos mismos hechos conflictivos[75].

En España ha venido imperando, hasta el momento, al igual que en Venezuela, la teoría de la sustanciación. En virtud de ello, la causa *petendi* que individualiza junto con el *peti-*

---

[75] S. Calaza L.: *La Cosa Juzgada....* *op. cit.*, p. 178.

tum el objeto del proceso, y a los efectos de establecer su similitud o antagonismo respecto de otros objetos litigiosos, que
será reveladora de la presencia o ausencia de la cosa juzgada,
estaría integrada en exclusiva por los hechos[76]; por tanto, el
cambio de la calificación jurídica otorgada a los hechos deducidos en un proceso anterior, impediría, si éstos permanecen
idénticos, la posibilidad de instaurar un nuevo juicio, porque
de admitirse la posición contraria se destruiría la esencia de la
cosa juzgada.

Sin embargo, en opinión de Isabel Tapia Fernández, actualmente el antagonismo anotado entre las teorías de la sustanciación y la individualización pareciera superado. En ese
tenor ha definido la causa de pedir como: "la situación de hecho jurídicamente relevante y susceptible, por tanto de recibir
la tutela jurídica solicitada"[77]. Dentro de esta corriente se inscribe Juan Montero Aroca para quien la causa de pedir son
siempre hechos, acontecimientos de la vida que suceden en un
momento en el tiempo y que, además, tienen transcendencia
jurídica; esto es, que sean el supuesto de una norma que les
atribuye consecuencias jurídicas[78].

Tal concepción de la causa de pedir supone que los hechos sean aportados al proceso, en todo caso, por el demandante a tenor del principio dispositivo que inspira el proceso
civil; en tal virtud le está vedado al juez suplir los hechos no
alegados por las partes; es decir, no le está permitido adicio-
nar o agregar hechos nuevos a las pretensiones de las partes.
Ello no es impedimento para que de conformidad con el principio *iura novit curia* pueda corregir la calificación jurídica dada por las partes a la controversia.

En suma, se entiende por causa de pedir el título de la
pretensión; es decir, la razón o fundamento de la pretensión

---

76 S. Calaza L.: *La Cosa Juzgada.... op. cit.*, p. 179.
77 Isabel Tapia Fernández: "Efectos Objetivos de la cosa juzgada"....*op.cit.*, pp. 210-211.
78 Juan Montero Aroca y otros: *Derecho Jurisdiccional II Proceso Civil.*
...*op.cit.*, p. 125.

deducida en juicio, que, en general, consistirá siempre en un hecho o acto jurídico del cual se derivan las consecuencias a favor del sujeto activo de la pretensión a cargo del sujeto pasivo de la misma.[79] El fundamento de la pretensión y, por tanto, de la acción afirmada depende de presupuestos jurídico-materiales, basados en diversas situaciones jurídico materiales de la vida humana. Así los sujetos jurídicos pueden tener derecho a la tutela jurisdiccional a causa de distintos hechos, subsumibles en el supuesto de hecho de una o varias normas, a manera de ejemplo pueden citarse el hecho ilícito, el contrato, la gestión de negocios.

Conforme con lo expuesto para determinar el ámbito objetivo de la cosa juzgada es necesario examinar los elementos objetivos de la pretensión, a saber: el objeto del proceso y la causa *petendi* anteriormente definidos; queda, entonces, comprendido por las distintas acciones afirmadas por el actor y por el demandado en la reconvención; a su vez, las manifiestan en sus distintas pretensiones, pero deben tener en cuenta que, para su precisión, resultan relevantes los hechos y fundamentos jurídicos que pudieron haber sido alegados en el proceso y no se alegaron; se ha de tomar contenido de la máxima según la cual la cosa juzgada cubre tanto lo deducido como lo deducible en el proceso.[80]

Así las cosas, la identidad objetiva exigida en el Artículo 1.395 del Código Civil, a los efectos de la configuración de la cosa juzgada se traduce más que en una identidad material y absoluta, en una identidad jurídica; ello es así, porque, aunque el bien experimente cambios y modificaciones, no, por ello, adquiere un nuevo carácter, en razón de que lo indispensable es que no haya alteración alguna de lo que jurídicamente fue debatido y decidido en el primer proceso. Por tanto, se plantea la identidad cuando el objeto de la pretensión primigenia es la cosa en su totalidad; mientras que el de la segunda

---

79   A. Réngel R.: *Tratado de Derecho Procesal Civil Venezolano*. Tomo II...*op. cit.*, p. 478.

80   Augusto Martín De La Vega: *Cosa Juzgada, Eficacia Prejudicial y Artículo 24*. CE. Celarayn, S.L, León. España. 2002, p. 65.

solo una parte de aquella, lo cual explica que, si en el primer proceso se reclamó el todo, posteriormente, no es posible reclamar una parte. Pero, si sólo se reclamó una parte, después es factible reclamar el todo.

En la práctica, corresponde al juez apreciar -en su conjunto- el objeto y la causa de la pretensión para determinar si existe identidad objetiva entre la pretensión resuelta mediante la sentencia con carácter de cosa juzgada y la pretensión deducida en el nuevo proceso; dicho examen le permitirá desechar los alegatos presentados en el ulterior proceso, que persigan desconocer el bien jurídico tutelado en el juicio anterior. Así, la esencia de la cosa juzgada, desde el punto de vista objetivo, consiste en que no permite que el juez, en un proceso futuro, pueda, de alguna manera, desconocer o disminuir el bien reconocido en el precedente.[81]

La cosa juzgada, tal como se ha dicho, tiene como función preservar el resultado práctico que se obtiene con la sentencia; es decir, asegurar la eficacia del pronunciamiento contenido en la misma. Ahora bien, uno de los aspectos centrales dentro de los límites objetivos de la cosa juzgada, lo constituye la cuestión de si la misma se extiende a la motiva de la sentencia o si, por el contrario, comprende exclusivamente el dispositivo del fallo.

Al respecto, la posición de la doctrina y de la jurisprudencia no ha sido pacifica, pues un sector de la misma tanto clásico como contemporáneo considera que la cosa juzgada sólo opera respecto de la parte dispositiva de la sentencia y no respecto a la motivación de ésta. Frente a ello se encuentra otro sector partidario de la extensión de los efectos de la cosa juzgada a la fundamentación de la decisión; por tanto, resulta oportuno examinar los argumentos en que se centra el debate, con el objeto de precisar una postura sobre el asunto.

Dentro de la primera posición se inscribe Chiovenda para quien el objeto de la cosa juzgada, es la:

---

[81]   G. Chiovenda.: *Curso de Derecho Procesal Civil…. op. cit.*, p. 186.

...conclusión última del razonamiento del juez, y no sus premisas; el último e inmediato resultado de la decisión y no la serie de hechos, de relaciones o de estados jurídicos que en la mente del juez constituyeron los presupuestos de dichos resultados[82].

En consonancia con tal afirmación, una parte de la doctrina, si bien afirma que las motivaciones de la sentencia no están cubiertas por la cosa juzgada, matiza esta exclusión al señalar que, para determinar el alcance de la misma, en la mayoría de los casos es necesario acudir a los motivos; de ese modo se podrá identificar la acción mediante la búsqueda de la causa *petendi*.

La referida tesis es mantenida por Liebman quien sostiene:

...el pronunciamiento se encuentra enunciado en la parte dispositiva de la sentencia y representa la concreta providencia pronunciada por el juez, pero para identificarlo exactamente será necesario buscar en la motivación de la sentencia los elementos indispensables de la causa *petendi* y del *petitum*. [...] sin que ello signifique que los motivos sean cubiertos por la cosa juzgada.[83]

Así las cosas, según esta doctrina la cosa juzgada se extiende sólo sobre la parte dispositiva de la resolución judicial, sin que queden afectados, por dicha institución, los antecedentes lógicos al fallo, ni la motivación o razonamientos de la sentencia. Menos aún, serán afectadas las consecuencias lógicas que de dicho fallo puedan razonablemente extraerse. Conteste con dicha postura se encuentra María Teresa De Padura Ballesteros cuando expone que cuando se tiene conciencia de que la decisión sobre la causa de pedir y de la invocación de las excepciones es un pronunciamiento debido, -hasta el punto de que si el juez lo omite incurre en incongruencia-, resulta más fácil conferir fuerza de cosa juzgada a ese pronuncia-

---

[82] G. Chiovenda.: *Curso de Derecho Procesal Civil.... op. cit.*, p. 186.

[83] E. Liebman.: *Manual de Derecho Procesal Civil.... op. cit.*, p. 595.

miento, por mucho que aparezca situado en la fundamentación de la sentencia[84].

Frente a la referida postura surgen las posiciones que recientemente tienden a incluir en el efecto de cosa juzgada tanto a los hechos, como a los elementos jurídicos que constituyen los fundamentos de la sentencia. En esta línea, Andrés De la Oliva expone que sólo si se atiende a los fundamentos fácticos y jurídicos que preceden la parte dispositiva de la sentencia, puede determinarse el contenido o alcance de esa decisión que configura la cosa juzgada[85]. Y añade también que si la cosa juzgada se limita al dispositivo del fallo se estaría negando la función positiva o prejudicial de la institución, en un número considerable de sentencias firmes, pues esa parte dispositiva por sí sola no sería apta para considerarla antecedente lógico de una posterior decisión en otro proceso[86].

Los defensores de la aludida postura señalan que, si el juez debe acudir a la motivación de la sentencia para precisar en cada caso concreto la identidad o conexión entre los dos objetos litigiosos el del juicio precedente y del posterior, entonces, resulta lógico que las argumentaciones y razonamientos sean imprescindibles para la apreciación de la cosa juzgada material y, por tanto, queden amparados por la fuerza de dicha institución.

En este sentido, se ha pronunciado Juan Montero Aroca, al advertir que las declaraciones contenidas en la sentencia relativas a la existencia o inexistencia de las relaciones jurídicas o de situaciones jurídicas, que son la base de la condena o de la absolución, no pueden quedar fuera de la cosa juzgada. Añade que tales declaraciones son un conjunto fáctico y jurí-

---

[84] María Teresa De Padura Ballesteros: "Algunas Cuestiones sobre la cosa juzgada y sus límites objetivos", *Tribunales de Justicia*, N° 12. Madrid, 2001, p. 4.

[85] A. De La Oliva S: *Objeto del Proceso y la Cosa Juzgada en el Proceso Civil.... op cit.*, p. 213.

[86] A. De La Oliva S: *Objeto del Proceso y la Cosa Juzgada en el Proceso Civil.... op. cit.*, p. 214.

dico que sirve no sólo para motivar el fallo, sino también para determinar lo que se ha juzgado[87].

Al respecto, la jurisprudencia patria acogió inicialmente un criterio restrictivo con una visión formal de la institución al señalar que la cosa juzgada recaía exclusivamente sobre el dispositivo de fallo y no abarcaba las motivaciones, ni argumentos contenidos en él, ni muchos menos comprendía la apreciación de cada prueba. No obstante, el aludido criterio ha sido atemperado tal como lo ha determinado la jurisprudencia reciente del Tribunal Supremo de Justicia al acoger el principio de la unidad del fallo.

En efecto, la Sala Político-Administrativa en sentencia N° 1.035 de fecha 27 de abril de 2006, señaló que, si se tiene en cuenta que el proceso es un instrumento para la realización de la justicia, conforme con el Artículo 257 del texto constitucional, debe, entonces, entenderse que el objeto de la decisión no puede circunscribirse exclusivamente a la parte dispositiva. Menos se puede señalar que la motiva de la decisión es solamente de carácter ilustrativo, pues si bien tradicionalmente la sentencia, a los fines de su estudio y comprensión se ha estructurado en tres partes, a saber, narrativa, motiva y dispositiva, ello no es óbice para reconocer el mencionado principio de la unidad del fallo.[88]

De acuerdo con el aludido principio de unidad del fallo la sentencia forma un todo indivisible, en razón de la necesaria vinculación que existe entre las referidas partes. No obstante, en algunos casos, es necesario examinar la motiva de la decisión para establecer la identidad entre el objeto de la pretensión deducida en el nuevo proceso, con el de la sentencia con carácter de cosa juzgada. Ello habrá de hacerse cuando la parte dispositiva esté redactada en términos abstractos que sólo los argumentos expuestos en la motiva permitan concretar el pronunciamiento.

---

[87] Juan Montero Aroca y otros: *Derecho Jurisdiccional II Proceso Civil. ...op. cit.*, p. 489.

[88] http://www.tsj.gov.ve/decisiones/spa/Abril/01035-270406-1999-16 135.

Así las cosas, se valora que el objeto de la cosa juzgada debe ser entendido de acuerdo con el aludido principio de la unidad del fallo, en el sentido de que cuando el dispositivo de la sentencia por sí solo sea insuficiente para comprender el alcance de la declaratoria contenida en el mismo, ha de acudirse a los argumentos y razonamientos expuestos en la motiva de la decisión. Ello, como se ha venido sosteniendo, en razón de la estrecha vinculación que existe entre los fundamentos y el dispositivo del fallo. Es así porque es en los motivos de la decisión donde se encuentra la causa de la pretensión que -apreciada conjuntamente con el objeto de la pretensión- permiten al juez establecer la existencia de la identidad objetiva entre la pretensión resuelta por la sentencia con fuerza de cosa juzgada y la pretensión que se aspire a deducir en el proceso posterior.

2. *Límites subjetivos de la cosa juzgada*

En congruencia con lo dispuesto en el último aparte del Artículo 1.395 del Código Civil, para que proceda la cosa juzgada respecto de la sentencia anterior es indispensable, además de la identidad objetiva anteriormente estudiada, que: "la nueva demanda sea entre las mismas partes, y que éstas vengan al juicio con el mismo carácter que en el anterior". Esta aseveración configura el principio o regla general en esta materia de que la cosa juzgada no se produce sino entre las partes, entendidas estas como: el sujeto activo y el sujeto pasivo de la pretensión que se hace valer en la demanda judicial.[89]

La exigencia del legislador de que las partes vengan al juicio con el mismo carácter que en el anterior, debe entenderse más que a la identidad física de las personas, a la jurídica, que está determinada por el carácter o personería con que actúa.[90] En tal sentido, debe advertirse que el aludido carácter no

---

[89] A. Réngel R.: *Tratado de Derecho Procesal Civil Venezolano*. Tomo II.... *op. cit.*, p. 483.

[90] A. Réngel R.: *Tratado de Derecho Procesal Civil Venezolano*. Tomo II.... *op. cit.*, p. 483.

está referido a la posición ocupada por las partes en el proceso; a saber, demandante y demandado. Ello impone la conclusión de que los efectos de la cosa juzgada se producen con independencia de la posición que los sujetos de la relación jurídica procesal adopten en el nuevo juicio, pues lo transcendente es la predicada identidad jurídica.

Sobre este aspecto, Juan Montero Aroca señala que aun tratándose de distintas personas físicas, la cosa juzgada despliega sus efectos en los siguientes supuestos: cuando en el primer juicio comparece el representante legal o voluntario de la parte y en el posterior lo hace la propia parte; tal sería el caso del padre que acude en el proceso primigenio en representación de su hijo menor y en el segundo actúa éste luego de adquirir la mayoría de edad; también, cuando en el primer proceso actúa el sustituto y en el segundo el sustituido. A diferencia de tales casos, existen otros donde no opera la cosa juzgada aun tratándose de las mismas personas físicas, como cuando en el primer caso se actuó como representante y luego en nombre propio; y cuando en el juicio primigenio se litigó como sustituto procesal y en el segundo en nombre y por un derecho propio[91].

Ahora bien, del estudio de los límites subjetivos de la cosa juzgada material, surge la cuestión relativa al alcance de sus efectos en relación con las partes del proceso y con los terceros.

3.   *Alcance de los efectos de la cosa juzgada material*

En este punto se hará referencia a la extensión de los efectos de la cosa juzgada material a las partes originarias del proceso; es decir, a las que aparecen identificadas en el escrito libelar como demandante y demandado, así como a los sujetos que adquieren la condición de parte de manera sobrevenida en el proceso.

---

[91]   J. Montero A.: *Derecho Jurisdiccional II Proceso Civil…. op. cit.*, p. 486.

Respecto a la verificación de la identidad subjetiva de las partes en el proceso primigenio, resuelto mediante la sentencia con fuerza de cosa juzgada con el nuevo proceso, es indispensable tener en consideración lo expuesto en el punto anterior sobre los límites subjetivos. Más concretamente en afirmar que la identidad de partes no se refiere a la identidad física de las personas litigantes en ambos juicios, sino a su identidad jurídica, resultando irrelevante la posición procesal que las partes ocupen en ambos procesos.

A lo expuesto, debe agregarse como lo apunta Pablo Grande Seara que la identidad subjetiva no se rompe por el hecho de que en el segundo proceso no intervengan todos los litigantes que lo hicieron en el primero, si todos los que litigan en el segundo proceso también fueron parte en el primero; ni puede hacerse comparecer como partes en el segundo juicio a quienes no lo fueron en el primero, cuando el llamamiento de estos nuevos litigantes resulte superfluo o se haga con el único propósito de eludir los efectos de la cosa juzgada.[92]

En tal sentido, la Sala Político Administrativa del Tribunal Supremo de Justicia en la precitada decisión N° 01035 de fecha 27 de abril de 2006, distingue dos supuestos respecto a la identidad de sujetos; el primero de ellos que se verifica cuando una misma persona física actúa en el proceso primigenio en representación de una persona como sería el caso del tutor que actúa en representación del pupilo y en un proceso posterior lo haga en nombre propio; en este caso, si bien existe identidad física, no hay identidad jurídica; y el otro supuesto se configura cuando varias personas físicas o jurídicas constituyan jurídicamente el mismo sujeto; cuando obran con la misma cualidad, como en el caso de la compañías, cuya representación legal no recae conforme con sus estatutos en una sola persona física, sino en dos o tres con facultad de actuación separada.

---

[92] P. Grande S.: *La Extensión Subjetiva de la Cosa Juzgada en el Proceso Civil.... op. cit.*, pp. 134-135.

En tal supuesto, aun cuando la persona física que actuó en representación de la empresa en el juicio primigenio no sea la misma que actué en el posterior si habría identidad jurídica y, en consecuencia, identidad subjetiva.

Destaca también la referida decisión que la inclusión como parte demandada en el nuevo proceso de una persona que no haya sido parte en el proceso anterior, para eludir los efectos de la cosa juzgada, debe apreciarse como un subterfugio, cuando el título que dio origen al asunto controvertido hubiese sido debatido entre las mismas partes originales.

Ahora bien, hechas las anteriores observaciones generales sobre la identificación subjetiva de las partes, conviene puntualizar el alcance de los efectos de la cosa juzgada respecto a las partes del proceso en algunos supuestos específicos, a saber: la confesión ficta de la parte demandada, el litisconsorcio necesario, así como el demandado reconviniente respecto de la pretensión reconvencional, y la sucesión procesal.

La confesión ficta de la parte demandada: Conforme con lo dispuesto en el Artículo 362 del Código de Procedimiento Civil "Si el demandado no diere contestación a la demanda dentro de los plazos indicados en este Código se le tendrá por confeso en cuanto no sea contraria a derecho la petición del demandante, si nada probare que le favorezca".[93]

Al respecto, cabe destacar que el demandado que ha permanecido contumaz, a pesar de su falta de personificación en el proceso, es considerado parte procesal, siempre que haya sido válidamente citado y en tal virtud, resulta lógicamente afectado por los efectos de la cosa juzgada material, que provienen de la sentencia definitivamente firme, que haya resuelto el fondo de la materia controvertida en el primer proceso. Queda a salvo la posibilidad de enervar los efectos de la cosa juzgada mediante la demanda de invalidación, cuando exista falta de citación, error o fraude cometido en la práctica de la misma, puesto que existiría violación al principio de contra-

---

[93]   Código de Procedimiento Civil. Gaceta Oficial N° 4.209 Extraordinaria de fecha 18 de septiembre de 1990.

dicción que informa al proceso civil y es consustancial al derecho a la defensa, lo cual será objeto de estudio en el siguiente capítulo.

En tal sentido, los efectos que el legislador impone a la declaratoria de confesión ficta son meramente procesales, pero nunca significa que no se le tenga por parte al contumaz. Por tanto, habiendo sido parte procesal, su afectación por la cosa juzgada material no es más que la aplicación de la regla de la *res iudicata inter partes*.[94]

Litisconsorcio necesario: La relación jurídica procesal puede estar conformada por una pluralidad de personas a las cuales alcanzan los efectos de la cosa juzgada material. Ahora bien, el legislador contempla el llamado litisconsorcio necesario o forzoso cuando la propia norma jurídica es la que otorga *legitimatio ad causam* activa y pasiva, a diversas personas en forma conjunta, no separadamente; en todos estos casos, todas esas personas han de ser demandantes o demandadas, pues se trata del ejercicio de una única pretensión que alcanzará satisfacción con un único pronunciamiento[95].

El Código de Procedimiento Civil contempla en los Artículos 146 y 148 el litisconsorcio necesario referido a los supuestos en que exista una relación sustancial o estado jurídico único, para diversos sujetos. De forma tal, que las modificaciones de dicha relación o estado jurídico, para ser eficaces, deben operar frente a todos sus integrantes; por tanto, al momento de plantearse en juicio la controversia, la pretensión debe hacerse valer por uno o por varios de los integrantes de la relación frente a todos los demás.[96]

Ahora bien, cuando el actor no interpone la demanda contra todos los legitimados para resistir por disposición expresa de ley, los que han sido demandados en la oportunidad

---

94   P. Grande S.: *La Extensión Subjetiva de la Cosa Juzgada en el Proceso Civil.... op. cit.*, p. 137.

95   J. Montero A.: *Derecho Jurisdiccional II Proceso Civil.... op. cit.*, p. 86-87.

96   A. Réngel R.: *Tratado de Derecho Procesal Civil Venezolano*. Tomo II.... *op. cit.*, p. 43.

de dar contestación podrán alegar la excepción procesal perentoria de falta de cualidad pasiva, a tenor de lo dispuesto en el Artículo 361 *eiusdem*, en virtud de la falta de integración del litisconsorcio pasivo necesario o forzoso. Ello provocará que el órgano jurisdiccional dicte una sentencia absolutoria en la instancia, al declarar la falta de cualidad pasiva. En consecuencia, inadmisible la demanda, lo que constituye una resolución meramente procesal que deja sin juzgar la cuestión de fondo y no produce los efectos de la cosa juzgada material[97].

En tal sentido, cabe destacar que en el Código de Procedimiento Civil no está prevista la posibilidad de subsanación del litisconsorcio pasivo necesario una vez que es alegada la falta de cualidad mediante la ampliación de la demanda al litisconsorte o litisconsortes preteridos y la citación de estos. Esta cuestión fue objeto de regulación en la Ley de Enjuiciamiento Civil española en el Artículo 420 el cual dispone que cuando el demandado alegue en la contestación a la demanda la falta del debido litisconsorcio puede el demandante -en la audiencia- presentar escrito interponiendo la demanda contra los sujetos que el demandado considerase que deben ser litisconsortes. Entonces, si el tribunal lo estimare procedente lo declarará así, y ordenará el emplazamiento de los nuevos demandados para que contesten la demanda, con suspensión de la audiencia.[98]

La referida norma contempla expresamente la posibilidad de integrar el litisconsorcio pasivo necesario. Permite así que determinados sujetos que originalmente eran considerados terceros en relación con el proceso pendiente obtengan posteriormente la condición de parte procesal. Ello se logra a través de la integración sobrevenida del litisconsorcio pasivo necesario, a los cuales forzosamente alcanzarán los efectos de la cosa juzgada de la sentencia que se dicte en el proceso sobre el fondo del litigio.

---

97 P. Grande S.: *La Extensión Subjetiva de la Cosa Juzgada en el Proceso Civil.... op. cit.*, p. 154.

98 *Ley de Enjuiciamiento Civil.* Tirant Lo Blanch, Valencia. 2011, p. 345.

Cabe destacar que el legislador patrio -en el Código de Procedimiento Civil- faculta -sólo en forma excepcional- al juez para que de oficio pueda integrar el litisconsorcio pasivo necesario, en los supuestos contemplados en el Artículo 777; en dicho Artículo se prescribe que, en los juicios de partición y liquidación de herencia, si de los recaudos presentados por el demandante, el juez advierte la existencia de otros condóminos, tendrá, entonces, el juez que ordenar de oficio su citación. Igualmente, en el Artículo 661 dispone que, en los juicios de ejecución de hipoteca, si de los recaudos presentados al juez se desprendiere la existencia de un tercero poseedor que el acreedor hubiese omitido indicar, el juez de oficio procederá a intimarlo.

Ahora bien, es necesario señalar que la solución dada por el legislador español al permitir como regla general la incorporación al proceso de manera sobrevenida a los litisconsortes no demandados originalmente, a través de vía contemplada en el citado Artículo 420, debería ser tomada en cuenta en una futura reforma del Código de Procedimiento Civil. Al incluirse, tal solución se evitaría el desgaste de la jurisdicción que se produce cuando la relación jurídica procesal es conformada -erróneamente- sin la presencia de todos los litisconsortes activos o pasivos requeridos y ello es advertido de oficio por el juzgador o alegado por los que han sido demandados.

Tal situación produce una sentencia absolutoria en la instancia que nada resuelve sobre el fondo de la materia controvertida, con la consecuencia para el demandante de la instauración de un nuevo juicio demandando a todos los litisconsortes, todo lo cual resulta contrario a la tutela judicial efectiva.

Sobre este aspecto, es oportuno puntualizar la eficacia que despliega la cosa juzgada material cuando debiendo constituirse un litisconsorcio pasivo, necesario u obligatorio no se hizo, ni se apreció de oficio por el juzgador, ni por las partes, y transcurre el *iter* procedimental y se resuelve la causa mediante el dictamen de la sentencia sobre el fondo de la materia controvertida.

Surgen entonces las siguientes interrogantes: ¿Qué eficacia tendría dicha sentencia en relación con los litisconsortes excluidos de la relación jurídica procesal?; y, ¿qué eficacia tendrá para los que sí fueron partes? Con relación a los primeros, lógicamente que no les alcanzan los efectos de la cosa juzgada material, pues lo contrario resultaría violatorio al principio de contradicción y al derecho a la defensa. Respecto de los segundos que sí fueron parte, no podrían alcanzarlos los efectos de la cosa juzgada, en virtud de que la misma es sólo aparente. Ello se debe a que, en los casos de litisconsorcio pasivo necesario, el cambio jurídico pretendido sólo puede producir efectos respecto de todos lo que debieron ser litisconsortes y, en el supuesto planteado, la relación jurídica procesal no fue conformada por todos ellos.

La reconvención: De conformidad con lo establecido en el Artículo 365 del Código de Procedimiento Civil: "el demandado podrá intentar la reconvención o mutua petición, expresando con toda claridad y precisión el objeto y sus fundamentos, si versare sobre objeto distinto al del juicio principal, lo determinará como se indica en el Artículo 340". En efecto, la reconvención es la reacción del demandado contra el actor, que interpone una nueva acción contra éste. Dicha reacción puede versar, incluso, sobre un objeto distinto al del juicio principal. Se puede desarrollar en el proceso, siempre que no exista incompatibilidad legal en el procedimiento, ni tampoco corresponda su conocimiento a jueces diferentes por razón de la materia.

Del texto del referido Artículo 365 se infiere que en materia de reconvención la única regla es que la legitimación recae en los mismos sujetos de la demanda inicial, con sus posiciones en la relación jurídica procesal invertidas. Así entonces, el demandado inicial será el actor reconviniente y el demandante será el demandado reconvenido. Asimismo, a tenor de lo dispuesto en el Artículo 369 *eiusdem* "contestada la reconvención, o sí hubiere faltado a ello el reconvenido, continuarán en un solo procedimiento la demanda y la reconvención hasta la sentencia definitiva. Ésta deberá comprender ambas cuestiones", lo que se traduce sin dar lugar a una interpretación extensiva, en que el alcance subjetivo de la eficacia de la cosa juzgada material de la sentencia que resuelve tanto pretensión principal como la pretensión reconvencional, se extiende a las partes del proceso demandante reconvenido y demandado reconviniente.

En consecuencia, conforme con la regulación de la reconvención en el Código de Procedimiento Civil, no es posible incluir sujetos a los que alcancen en forma directa los efectos de la cosa juzgada material derivados del pronunciamiento que resuelva la reconvención, sin que resulten afectados directamente por el pronunciamiento que decida la pretensión principal respecto de la cual mantienen el carácter no de partes sino de terceros. Tal supuesto sí fue regulado en la Ley de Enjuiciamiento Civil española en el Artículo 407, el cual prevé la posibilidad de dirigir la reconvención contra otros sujetos distintos a los demandantes, siempre que puedan ser considerados *litis*-consortes voluntarios o necesarios del demandante reconvenido por su relación con el objeto de la demanda reconvencional.[99]

La norma aludida contempla expresamente la posibilidad de interponer la reconvención contra sujetos no demandantes cuando ésta tiene lugar sin que la intervención procesal se haya producido; asimismo, la reconvención podrá dirigir frente al tercero potencial interviniente, en atención a la regla prevista en el Artículo 407 antes citado. Dicha norma sólo permite tal reconvención frente a terceros cuando estos sean considerados litisconsortes necesarios o voluntarios del actor respecto de la pretensión reconvencional.[100] Y en tal supuesto, los efectos de la cosa juzgada del pronunciamiento contenido en la sentencia sobre la pretensión reconvencional alcanzará a todos los que fueron parte de la misma, que incluye al tercero no demandante en la relación inicial quien es considerado parte en la reconvención y tercero respecto de la relación inicial.

---

[99] Ley de Enjuiciamiento Civil. …. *op. cit.*, p. 339.

[100] P. Grande S.: *La Extensión Subjetiva de la Cosa Juzgada en el Proceso Civil*…. *op. cit.*, p. 170.

La incorporación del referido supuesto en la futura reforma del Código de Procedimiento Civil, resultaría útil para los juicios que transitan sin la participación de terceros con interés directo en el mismo; a manera de ejemplo, se señala el caso de la posibilidad que pudiera tener el propietario demandado en un juicio por prescripción adquisitiva de reconvenir por reivindicación a un tercero que también se encuentre poseyendo el bien objeto de litigio sin derecho a ello; de forma tal que de resultar beneficiado con la sentencia la misma despliegue los efectos de la cosa juzgada no solo contra el actor, sino también contra el tercero reconvenido, lo cual se traduciría en la realización de la tutela judicial efectiva.

La sucesión procesal: Durante el desarrollo del proceso pueden experimentar modificaciones las partes que originalmente conformaron la relación jurídica procesal. Tales modificaciones pueden tener relación con el derecho sustancial controvertido que las partes hacen valer en el proceso,[101] como son: la sucesión en la parte por causa de muerte, la cesión de los derechos litigiosos y el denominado *laudatio* o *nominatio auctoris* mediante la intervención provocada del tercero:

a) La sucesión en la parte por causa de muerte: ocurre por la sucesión a título universal o particular en el derecho que se ventila en el juicio, en cuyo caso el sucesor o sucesores en dicho derecho adquieren en forma sobrevenida la condición de parte en el proceso en sustitución del causante. Se extiende a ellos los efectos de la cosa juzgada material de la sentencia que resuelva el fondo de la materia controvertida. Dicho supuesto está contemplado en el Artículo 144 del Código de Procedimiento Civil el cual dispone que: "la muerte de la parte desde que se haga constar en el expediente, suspenderá el curso de la causa mientras se cite a los herederos". En este caso, la cosa juzgada alcanza a los herederos del *de cujus* quienes pasan a ser parte del proceso, en virtud de la sucesión en la parte debido a la transmisión del derecho litigioso ocurrida por causa de muerte, tal como lo dispone el único aparte del Artículo 145 *eiusdem*.

---

101 A. Réngel R.: *Tratado de Derecho Procesal Civil Venezolano*. Tomo II.... *op. cit.*, p. 47.

b) La cesión de los derechos litigiosos: El referido supuesto está contemplado en el Artículo 145 del mencionado Código procesal conforme con el cual la cesión que haga alguno de los litigantes por acto entre vivos de los derechos que se ventilan en el juicio a quien no es parte en la causa, cuando se produce después de la contestación de la demanda, y mientras no se hubiese dictado sentencia definitivamente firme, no surte efectos sino entre el cedente y el cesionario, salvo el consentimiento del otro litigante.

Por tanto, cuando la parte manifiesta en el proceso su consentimiento respecto de la cesión de los derechos litigiosos efectuada por su contraparte a un tercero ajeno a la relación jurídico procesal. Ello ocurre después de la oportunidad para dar contestación a la demanda y el cesionario adquiere en virtud de dicha cesión la condición parte en la causa en sustitución del cedente, y extiende al primero los efectos de la cosa juzgada material que corresponden a las partes.

c) El denominado *laudatio* o *nominatio auctoris*: Tal supuesto está recogido en los Artículos 511 y 1559 del Código Civil español, que regulan el caso del poseedor arrendatario o usufructuario que detenta el inmueble con el carácter de poseedor inmediato cuando es demandado por un sujeto que pretende ser el propietario del bien o alega tener un derecho sobre el mismo; ante tal eventualidad, el poseedor demandado debe poner en conocimiento al propietario de dicha demanda para que éste pueda intervenir en el juicio en defensa de su derecho de propiedad del que a su vez depende el derecho del poseedor. Esta llamada que debe hacer el demandado al propietario es obligatoria. Así lo preceptúan las referidas normas, pues de lo contrario deberá responder por los daños y perjuicios que por su negligencia se le ocasionen a aquel[102].

Ahora bien, el propietario acude al proceso en virtud del llamado que le puede hacer el demandado a tenor de lo pre-

---

[102] Esther González Pillado y Pablo Grande Seara: "Comentarios a la Ley de Enjuiciamiento Civil: arts. 13, 14 y 15". *Revista para el Análisis del Derecho*, N° 271. IndDret, Barcelona 2005, p. 18. www.indret.com.

visto en el Artículo 14.2 de la Ley de Enjuiciamiento Civil y lo hace con el carácter de tercero interviniente litisconsorcial; es decir, asumirá la condición de demandado principal, en razón de que es él y no el poseedor inmediato el titular del derecho litigioso. En dicho supuesto, si el propietario no es llamado al proceso y, en consecuencia, no interviene asumiendo la condición de demandado, la sentencia que se dicte en el juicio no alcanzará los efectos de cosa juzgada respecto de éste. Y será así dado que la misma será una decisión absolutoria por falta de legitimación pasiva, con lo que queda abierta la posibilidad de dirigirse en nuevo proceso contra el propietario.

Cabe destacar que la regla 4 del apartado 2 del mencionado Artículo 14 contempla la posibilidad de que el demandado solicite al juez que acuerde su extromisión del proceso una vez que comparece el propietario. Tal solicitud la hace por considerar que la posición procesal pasiva debe ser ocupada exclusivamente por éste. Y ello siempre que se cumplan los dos requisitos exigidos en el Artículo 18 de la referida Ley de Enjuiciamiento Civil, a saber: por un lado, que la solicitud de extromisión la formule el demandado; y, por la otras, que de la misma se dé traslado por el secretario tanto al demandante como al tercero con el objeto de que aleguen lo que consideren conveniente dentro de un plazo de cinco (05) días. Aunado a ello, que el tribunal autorice la extromisión mediante auto expreso y de ser acordada los efectos de la cosa juzgada se extenderán sólo respecto del tercero interviniente, en virtud de que el mismo pasa ocupar la posición del demandado inicial[103].

El Código de Procedimiento Civil a diferencia de la Ley de Enjuiciamiento Civil, no regula el aludido supuesto como un caso de sucesión procesal. Es decir, no está previsto el referido mecanismo de extromisión del demandado inicial. De modo que, en caso de darse tal situación de ser demandado el poseedor inmediato sea arrendatario o el usufructuario, por quien se dice propietario del bien o alegue un derecho sobre el

---

[103] Esther González Pillado y Pablo Grande Seara: "Comentarios a la Ley de Enjuiciamiento Civil: arts. 13, 14 y 15" ...*op. cit.*, p. 22.

mismo, en la oportunidad de dar contestación a la demanda, podrá alegar su falta de cualidad pasiva. Además, deberá llamar al propietario como un tercero a la causa de conformidad con lo dispuesto en el mencionado código en los Artículo 361 en concordancia con el ordinal 4° del Artículo 370. Sin embargo, será en la oportunidad de la sentencia definitiva donde podrá ser declarada la falta de cualidad del demandado al determinarse el carácter de propietario con que actúa el tercero a quien se extenderán los efectos de la cosa juzgada.

4.   *Alcance de los efectos de la cosa juzgada material con relación a los terceros*

Para determinar la extensión de los efectos de la cosa juzgada material respecto de los terceros que no fueron parte en el proceso, la doctrina toma en consideración el interés que los mismos ostentan en relación con el objeto litigioso. Igualmente, consideran la situación jurídica de estos, respecto de las partes que conformaron la relación jurídica del proceso. Por ello, los agrupa en distintas categorías, a saber: terceros titulares de un interés jurídico directo; terceros titulares de un interés jurídico indirecto o reflejo; terceros titulares de un derecho o interés jurídico incompatible y autónomo; terceros titulares de un interés meramente fáctico y los terceros absolutamente extraños o indiferentes.

A.   *Terceros titulares de un interés jurídico directo*

Dentro de esta categoría están comprendidos los sujetos que, a pesar de su carácter de terceros en el proceso, se encuentran en una posición jurídica objetiva y, subjetivamente, idéntica a la deducida y juzgada en el proceso *inter alios*; de modo que su interés en la *res iudicata* es evidente. La decisión judicial sobre la *res iudicium deducta* es decisión sobre su propia relación o situación jurídica.

Por tanto, la eficacia tanto material como procesal de la sentencia les alcanza de modo directo.[104]

Ahora bien, de acuerdo con lo establecido en el Artículo 1.395 del Código Civil y 273 del Código de Procedimiento Civil, la regla general, tal como se ha dicho, es que los sujetos directamente afectos por la autoridad de la cosa juzgada son únicamente aquellos que asumieron el status de parte procesal; bien sea que lo hayan hecho al inicio de la conformación de la relación procesal o en forma sobrevenida, como antes se apuntó en los casos de sucesión procesal. Esto se traduce en que los supuestos de terceros que resultan directamente afectados por la sentencia son de carácter excepcional; por tanto, ameritan de una previsión legal expresa para que por vía de excepción los efectos de la cosa juzgada material se extiendan a ellos.

Igualmente, para que dé la configuración de tales supuestos es preciso que se verifiquen dos condiciones: primera, que a pesar de no haber identidad física entre los sujetos que asumen en el proceso el carácter de parte y los titulares de la relación jurídica, exista respecto de esta última identidad subjetiva y objetiva con la situación jurídica del tercero; segunda: que no sea indispensable la presencia del tercero en el proceso donde se dictó la sentencia con carácter de cosa juzgada para que pueda desarrollarse en forma legítima; es decir, que no se trate de un litisconsorcio necesario o forzoso.

Dentro de los aludidos supuestos se encuentran los siguientes:

1. Herederos a título universal de las partes. El heredero o sucesor a título universal responde de las obligaciones de su causante y goza de sus derechos.[105] Ello sucede en virtud de la confusión de los patrimonios, que, en el caso venezolano, está contemplado en el Artículo 995 del Código Civil cuando esta-

---

[104]   P. Grande S.: *La Extensión Subjetiva de la Cosa Juzgada en el Proceso Civil.... op. cit.*, p. 115.

[105]   R. Duque C.: *Apuntaciones Sobre El Procedimiento Civil Ordinario.* Tomo II....*op. cit.*, p. 48.

blece: "La posesión de los bienes del *de cujus* pasa de derecho a la persona del heredero, sin necesidad de toma de posesión material".

Con base en este presupuesto que está referido a la confusión de los patrimonios, las legislaciones modernas han establecido en forma expresa el alcance de la cosa juzgada respecto de los herederos a título universal de las partes. Así, la Ley de Enjuiciamiento Civil española en el Artículo 222.3 dispone: "3. La cosa juzgada afectará a las partes del proceso en que se dicte y a sus herederos..."[106]

Igualmente, el Código Procesal Civil Modelo para Iberoamérica en su Artículo 192.1 señala: "La cosa juzgada alcanza a las partes y a sus sucesores a título universal".[107]

2. En cuanto al sucesor a título particular debe señalarse que alcanzan a los causahabientes los efectos de la cosa juzgada que afectó al causante, siempre que los causahabientes hayan adquirido el derecho a la cosa litigiosa con posterioridad a la sentencia que se profirió contra el causante.

En tal supuesto pueden encuadrarse los terceros que adquieran derechos sobre un bien después de haber registrado los acreedores del causante la demanda por acción pauliana prevista en el Artículo 1.279 del Código Civil, o de simulación establecida en el Artículo 1.281 *eiusdem*, de rescisión por lesión contemplada en el Artículo 1.120 *eiusdem*; igualmente, ocurre con la acción por revocación de donaciones, resolución de permutas y demandas de nulidad; en estos casos, los efectos de la sentencia, que con carácter de cosa juzgada resuelva las referidas causas, afectan directamente al causante, pero, también a los causahabientes, quienes se consideran terceros con interés jurídico directo en las resultas del proceso.

---

[106] Ley de Enjuiciamiento Civil. ... *op. cit.*, p. 243.

[107] http://www.cejamericas.org/portal/index.php/en/virtual-library/virtual-library/doc_details/2152-el-codigo-procesal-civil-modelo-para-iberoamerica.

Igualmente, de conformidad con lo establecido en el Artículo 600 del Código de Procedimiento Civil, quienes hayan adquirido bienes inmuebles o sean beneficiarios de gravámenes recaídos sobre estos con posterioridad al decreto y de la comunicación al registrador de la medida de prohibición de enajenar y gravar, resultarán afectados por la sentencia que con carácter de cosa juzgada afecte al causante. De igual forma, sucede en el caso del embargo ejecutivo, en cuanto a la adquisición o gravamen sobre el inmueble embargado ocurrida luego de haberse notificado al registrador el decreto del embargo; ello a tenor de lo dispuesto en el Artículo 535 *eiusdem*.

En tal sentido, cabe destacar que actualmente la tendencia en la legislación contemporánea ha sido la de contemplar expresamente el alcance de la cosa juzgada a los causahabientes a título particular. Así, la Ley de Enjuiciamiento Civil española en el ya comentado Artículo 222.3 señala que la cosa juzgada afectará a los causahabientes. También el Código Procesal Civil Modelo para Iberoamérica en el Artículo 192.3 dispone que los socios, los comuneros, los terceros de cuyos derechos dependen los de las partes, aquellos cuyos derechos dependen de éstas o del acto o del contrato cuya validez o eficacia ha sido juzgada, son terceros. A ellos les alcanza la cosa juzgada siempre que hayan tenido conocimiento del juicio o si se amparan a la decisión en la primera oportunidad de que dispongan.[108]

Así, la referida norma reconoce el alcance de la cosa juzgada a los terceros que resultan afectados directamente por la sentencia que con tal carácter resolvió sobre la validez o eficacia del contrato del cual dependen sus derechos; eso sí, siempre que hayan tenido conocimiento del juicio o hagan valer la prejudicialidad de la cosa juzgada en la primera oportunidad.

---

[108] http://www.cejamericas.org/portal/index.php/en/virtual-library/virtual-library/doc_details/2152-el-codigo-procesal-civil-modelo-para-iberoamerica.

3. En las obligaciones solidarias pueden distinguirse dos supuestos: el del deudor solidario y el del acreedor solidario. El primer caso de solidaridad entre deudores está contemplado en el Artículo 1.236 del Código Civil, conforme con el cual la sentencia proferida contra uno de los deudores solidarios no despliega los efectos de la cosa juzgada contra el resto de los codeudores. Sin embargo, la decisión dictada a favor de uno de los deudores beneficia a los demás, salvo que se haya fundado en una causa personal del deudor favorecido.

Resulta claro que el legislador acoge en la referida norma la solución de extender los efectos de la cosa juzgada *secundum eventum Litis*. Es decir, la no obligatoriedad de la sentencia desfavorable; ello en virtud de que siempre puede favorecerse a los deudores ausentes del proceso, pero no perjudicarlos. De hacerlo se afectaría la garantía constitucional al debido proceso y al derecho a la defensa al no haber tenido la oportunidad de proponer y probar sus alegatos de defensa.

El segundo caso de solidaridad respecto de los acreedores está previsto en el Artículo 1.242 del Código Civil, a tenor de la norma el acreedor solidario se beneficia de la sentencia condenatoria obtenida por uno de los acreedores contra el deudor común; igualmente, resulta perjudicado por la decisión dictada a favor del deudor en contra de uno de los acreedores, a menos que la demanda se haya fundado en una causa personal del acreedor demandante.

4. Por lo que respecta al fiador, de conformidad con lo establecido en el Artículo 1.805 del Código Civil, la fianza no puede constituirse sino para garantizar una obligación válida, y a tenor de lo dispuesto en el Artículo 1.830 *eiusdem* la obligación del fiador queda sin efecto por la extinción de la obligación principal y por las mismas causas de las demás obligaciones. En consecuencia, la sentencia que desestima la demanda del acreedor contra el deudor principal excluye la acción contra el fiador, mientras que el acreedor no puede basarse en la sentencia de condena del deudor para obrar contra

el fiador.[109] Así, la decisión que declare la existencia de la relación principal entre el deudor y el acreedor sólo supone que el deudor debe pagar al acreedor; sin embargo, con respecto al fiador, independientemente de la justeza o no de dicho fallo, la relación debe ser examinada nuevamente.

5. En cuanto a los procesos universales concursales, de conformidad con lo dispuesto en el Artículo 940 del Código de Comercio, los efectos de la cosa juzgada alcanzan a todos los acreedores del fallido. Igualmente, a tenor de lo establecido en el Artículo 942 *eiusdem* la cosa juzgada afecta a todas las causas ordinarias o ejecutivas, civiles o mercantiles que al tiempo de la declaración de la quiebra se encuentren pendientes contra el fallido. Asimismo, de acuerdo con lo previsto en el Artículo 945 *eiusdem*, los efectos de la declaración de la cesación de pagos se extienden a quienes adquieran bienes muebles e inmuebles del fallido, o reciban garantías sobre estos bienes, o a quienes reciban pagos por deudas del fallido.

6. En los juicios de nulidad de asamblea de accionistas que se instauren con fundamento en el Artículo 1.346 del Código Civil, la legitimación la tiene cualquiera de los socios; sin embargo, la cosa juzgada material de la decisión que tome el juez al declarar la nulidad o validez de la asamblea, alcanza a todos los demás socios aun cuando no hayan formado parte del proceso.

La referida pretensión de nulidad alude al campo de los derechos potestativos, pues el derecho de impugnación, que corresponde a varias personas sometidas al mismo acto, no puede existir sino con relación a todos los sujetos; la cosa juzgada formada sobre la impugnación propuesta por uno excluye las impugnaciones de los otros; y ello no se da porque estén representados en el primer juicio, sino porque el juez no podría llevar a cabo la anulación del acto con relación a uno cuando se hubiera negado antes hacerlo con respecto a los otros.[110]

---

[109]   G. Chiovenda.: *Curso de Derecho Procesal Civil.... op. cit.*, p. 191.

[110]   G. Chiovenda.: *Curso de Derecho Procesal Civil.... op. cit.*, pp. 191-192.

Tal extensión de la cosa juzgada frente a los demás accionistas que no han participado en el proceso es reconocida en forma expresa por la Ley de Enjuiciamiento Civil española al señalar en el Artículo 222. 3 segundo aparte. Así se lee: las sentencias que se dicten sobre impugnación de acuerdos societarios afectarán a todos los socios, aunque no hubieren litigado.[111]

La referida extensión de los efectos de las sentencias proferidas en este tipo de procesos sobre la totalidad de los accionistas a pesar de no haber formado parte del litigio, legalmente establecida en la Ley de Enjuiciamiento Civil, atiende a razones de oportunidad o de conveniencia. El objeto de este alcance no reside únicamente en la celeridad que impone el tráfico societario, así como en la economía procesal, sino fundamentalmente en que la legitimada pasiva es la sociedad mercantil. También en la necesidad de impedir la proliferación de procesos en sociedades conformadas por un elevado número de socios y accionistas, que podrían dar origen a sentencias contradictorias que resultan contrarias a la protección de la seguridad jurídica.

Así las cosas, resulta razonable que las sentencias dictadas en los procesos de impugnación de acuerdos sociales pasen en autoridad de cosa juzgada respecto de todos los legitimados activos para su ejercicio, pues lo contrario permitiría, con grave quebranto de la seguridad jurídica, la sucesiva impugnación de los acuerdos sociales por diversidad de accionistas.[112]

7. En cuanto a los procesos para la protección de derechos e intereses colectivos y difusos, debe señalarse que la acción por intereses colectivos y difusos prevista en el Artículo 26 constitucional ha sido objeto de desarrollo por vía jurisprudencial. En efecto, en la decisión N° 656 de fecha 30 de junio de 2000, la Sala Constitucional del Tribunal Supremo de Justicia estableció -en cuanto al alcance de los efectos subjeti-

---

[111] Ley de Enjuiciamiento Civil. ...*op. cit.*, p. 243.
[112] S. Calaza L.: *La Cosa Juzgada....* *op. cit.*, p. 176.

vos de la sentencia con carácter de cosa juzgada proferida en los juicios por intereses colectivos y difusos-, que la misma produce efectos *erga omnes*, sea que beneficie o perjudique a los grupos afectados.[113]

Asimismo, la referida sentencia establece que, si los hechos que originaron las causas sentenciadas se modifican o sufren cambios, puede interponerse una nueva acción, aun cuando la demanda hubiese sido declarada sin lugar. En cambio, si los cambios sobrevenidos favorecen al condenado éste podrá solicitar que se le permita la actividad prohibida, en base a las nuevas condiciones en que funda su petición.

Tal concepción de la doctrina de la Sala Constitucional respecto de la cosa juzgada, en procesos colectivos, ha sido criticada por Rodrigo Rivera Morales por considerarla deficiente. Argumenta, que el efecto *erga omnes* se formula de manera general con independencia de que la sentencia beneficie o perjudique los grupos afectados. Por tanto, no se considera la situación de los miembros que se excluyan expresamente del proceso.

Además, en cuanto a la repetición de la demanda no se tratan las distintas hipótesis que se pueden presentar como el caso de la demanda desestimada por insuficiencia de pruebas. Su producción se da cuando los hechos alegados y afirmados por las partes no pueden ser demostrados por los medios probatorios propuestos. Ello significa que no fue posible demostrar en el proceso la existencia ni la inexistencia de tales hechos y, por tanto, no pudieron alcanzar la convicción del juez[114].

La referida insuficiencia de prueba está regulada en el Código Modelo de Procesos Colectivos para Iberoamérica al establecer en el Artículo 33 que, en las acciones colectivas, la

---

[113] http://www.tsj.gov.ve/decisiones/scon/Junio/656-300600.

[114] Rodrigo Rivera Morales: "Protección Constitucional y Procesal de la Víctima de Delitos Colectivos". *Las Acciones Colectivas como Instrumento de Protección de la Víctima Colectiva*. Berlín Alemania. Publishing GmbH CISBN (978-3-8454-9119-6), 2011, p. 331.

sentencia producirá cosa juzgada *erga omnes*. Se exceptúa su efecto cuando la pretensión fuera rechazada por insuficiencia de pruebas. En este supuesto cualquier legitimado podrá intentar otra acción con idéntico fundamento, y podrá valerse de una nueva prueba. Igualmente, contempla la hipótesis del rechazo de la pretensión basado en las pruebas producidas, y permite que cualquier legitimado pueda intentar otra acción con igual fundamento. Eso sí siempre que surja una nueva prueba que no hubiese podido ser producida en el proceso.

En tal supuesto, la insuficiencia probatoria aparece en la sentencia, bajo la advertencia de que no producirá cosa juzgada. Con ello se trata de conciliar lo juzgado *secundum probationem* y la eficacia preclusiva de la cosa juzgada, en especial con relación a los límites objetivos, siempre que la nueva prueba no hubiese podido ser producida en el juicio[115].

Sin embargo, el mencionado Código Modelo de Procesos Colectivos para Iberoamérica, no regula en sí la totalidad de la compleja institución de la cosa juzgada, sino exclusivamente la extensión subjetiva de sus efectos. Por tanto, la *res judicata* se produce para beneficiar y no para perjudicar. La incorporación del esquema anotado *secundum eventum litis* responde a razones de economía procesal, celeridad, amplio acceso a la justicia y efectividad del derecho material. De modo que en los procesos colectivos, si la acción es victoriosa produce cosa juzgada material; mientras que si es repelida, se está en presencia de la cosa juzgada formal, que permite a los afectados solicitar su alteración mediante otra vía procesal en un juicio diferente[116].

Los defensores del aludido criterio sostienen que no se puede incurrir en el error de pensar que la sentencia que juzga improcedente la acción colectiva por deficiencia de prueba no

---

[115] Rodrigo Rivera Morales: "La Insuficiencia de Prueba como criterio sustancial". *VII Congreso de Derecho Procesal Pruebas y Oralidad en el Proceso*, Librería Rincón G. C.A, Barquisimeto-Venezuela. 2007, p. 376.

[116] Juan Carlos Hitrers: "Alcance de la Cosa Juzgada en los Procesos Colectivos". *La Ley*. Buenos Aires. ISSN0024-1636, 2005, p. 8.

resuelve la cuestión de mérito del asunto. Entonces, por tanto, no tiene eficacia de cosa juzgada, ni puede creerse en un pronunciamiento que absuelva la instancia, ya que el juez no se exime de juzgar la controversia, sólo que resuelve con base en la carga de la prueba lo que está en el proceso.

A su vez, respecto de los hechos que no pudieron ser probados, sobre los cuales no fue posible alcanzar convicción positiva o negativa, deberá expresar en la sentencia que la no admisión de la pretensión es por insuficiencia de pruebas; ello generará, como consecuencia, que la cosa juzgada no se forme. Por tanto, en tal supuesto es imprescindible la presentación de nueva prueba como requisito de admisibilidad para volver a proponer la segunda acción colectiva. Igual sucede cuando se presente prueba superviniente; esto es, una nueva prueba que aparece posteriormente o que resulte del avance científico para descubrirla.[117]

A la crítica anotada, se agrega que la referida concepción de la Sala Constitucional tampoco expresa con claridad lo concerniente a las sentencias condicionales y de futuro. Esto es una cuestión clave en la defensa de dichos derechos, dado que es común que los daños se continúen produciendo en el futuro, aun cuando cese la acción dañosa.

Es frecuente que al momento de la sentencia no sea posible determinar con precisión las consecuencias futuras del daño globalmente producido a la comunidad interesada o incluso al daño individual. También puede resultar la aparición de nuevos daños generados por el mismo hecho o la agravación posterior de los perjuicios originarios, cuestiones que sin duda repercuten en el contenido de la sentencia y en sus efectos. Entonces, si el daño futuro se pide y se prueba, el juez debería contemplarlo en la sentencia si hay la posibilidad de demostrar la secuencia con el hecho dañoso[118].

---

[117] Rodrigo Rivera Morales: "La Insuficiencia de Prueba como criterio sustancial..." *op. cit.*, p. 377.

[118] Rodrigo Rivera Morales: "Protección Constitucional y Procesal de la Víctima de Delitos Colectivos" .... *op. cit.*, p. 331.

En tal sentido, cabe destacar que la Ley de Enjuiciamiento Civil española en el Artículo 222.3, en concordancia con el Artículo 11 *eiusdem*, acoge el aludido criterio de extensión de la cosa juzgada a todos los integrantes del grupo, con independencia de que hayan intervenido o no en el proceso. Este criterio ha sido objeto de crítica por parte de la doctrina española. Ello, en virtud de que la referida extensión se produce incluso sobre quienes voluntariamente hayan decidido no ejercitar su derecho de acción. Ante este planteamiento Martín Garnica propone que, en estos supuestos, el alcance de la cosa juzgada, a quienes no hayan conformado el proceso, sea *secundum eventum litis*; esto es, en lo que los beneficie, pero nunca en lo que los perjudique[119].

Sin embargo, para Andrés De La Oliva Santos, la referida excepción a la regla *res iudicata inter partes* encuentra justificación en que, cualquiera sea el contenido de la sentencia, no se permita un ulterior proceso a consecuencia del mismo hecho dañoso o en defensa de los mismos derechos e intereses difusos de consumidores y usuarios. A ellos la Ley de Enjuiciamiento Civil brinda distintas posibilidad de intervenir procesalmente, pues, de ser posibles nuevos procesos fundados en la mera diversidad de las partes, la seguridad jurídica podría padecer de modo muy grave[120].

Conforme con el criterio de la Sala Constitucional, sostenido en la precitada decisión N° 656 de fecha 30 de junio de 2000, en relación con los efectos de la cosa juzgada *erga omnes* en los procesos colectivos y a partir de las posiciones expuestas en torno al mismo, así como al tratamiento dado por la Ley de Enjuiciamiento Civil española, puede afirmarse que la concepción acogida por la mencionada Sala Constitucional, al establecer una fórmula de aplicación genérica, independientemente de que la decisión que se dicte en estos procesos be-

---

[119] Martín, J. F. Garnica: "Las partes en la nueva Ley de Enjuiciamiento Civil: novedades más significativas". *Poder Judicial*, N° 62, Tercera época. Madrid, 2001, p. 276.

[120] Andrés De La Oliva Santos: *Objeto del Proceso y la Cosa Juzgada en el Proceso Civil*. Thomson Civitas, Navarra 2005, pp. 187-188.

neficie o perjudique a los afectados, limita la garantía constitucional a la tutela judicial efectiva de los derechos e intereses colectivos y difusos.

Ello es así pues no toma en consideración el criterio de cosa juzgada *secundum eventum litis*, pues, independientemente, de que la sentencia perjudique a los que no fueron parte en el proceso no podrán interponer una nueva demanda. Tampoco es considerada la situación de los miembros que se hayan excluido expresamente del proceso, pues respecto de ellos la comentada sentencia no hace ninguna distinción.

Respecto de la posibilidad de interposición de una nueva demanda, solo es posible cuando los hechos que originaron las causas ya decididas se modifican o sufren cambios. Resulta claro, entonces, que se toma en consideración el elemento factico de toda acción y no el elemento probatorio *secundum eventum probationis*.

La exigencia de la aparición de hechos nuevos que impliquen nuevas amenazas o lesiones, como requisito necesario para presentar nueva demanda, -pues en estos supuestos no existiría identidad de la causa-, inclina a pensar que se está ante una concepción de la cosa juzgada *secumdum eventum facti*, pues los hechos deben modificarse para volver a proponerse, lo que originaría un nuevo proceso.

Así las cosas, al no contemplar la doctrina de la Sala Constitucional la posibilidad de interponer la demanda cuando la misma sea desestimada por insuficiencia de pruebas, es evidente que no se privilegia la actividad probatoria lo cual resulta contrario a la naturaleza misma de los procesos colectivos y se aparta de la concepción constitucional del proceso como instrumento para la realización de la justicia. Un ejemplo sería la falta de conocimiento científico o técnico para poder establecer la relación causal en materia de daños y perjuicios, siempre que el juzgador en la decisión indique los motivos para justificar que el rechazo de la pretensión es debido a la insuficiencia de pruebas. Es un supuesto en el cual sería indispensable la presentación de una nueva prueba fehaciente al momento de introducir la demanda.

B. *Terceros titulares de un interés jurídico indirecto o reflejo*

La pretendida extensión de los efectos de la cosa juzgada a una categoría de terceros con interés jurídico indirecto, surge como lo explica Liebman al final del siglo pasado y al principio de éste con los postulados de la doctrina alemana e italiana. Estas doctrinas subrayaron la diferencia existente entre la eficacia directa de la cosa juzgada, que se da para las partes, y la eficacia refleja que alcanza indirectamente a los terceros. Esto, en virtud de la conexión de la relación jurídica de ellos con la relación jurídica sobre la cual la sentencia se ha pronunciado.

Dentro de este contexto destaca la posición de Carnelutti quien sostiene que cuando exista conexión jurídica entre la *res in iudicium deducta,* es decir, entre el objeto deducido en juicio y la relación distinta, la eficacia de la decisión respecto de ésta no es una eficacia directa. Por el contrario, será una eficacia indirecta, en cuanto se ejercita y casi se trasmite a la relación que está fuera del proceso. Ello, en virtud sólo de su conexión con la que estuvo dentro de él.[121]

Asimismo, añade que la doctrina procesal se limita a explicar la naturaleza de la referida eficacia de la sentencia fuera del litigio, y a diferenciarla de la llamada autoridad de la cosa juzgada, cuando a su entender la eficacia refleja del juzgamiento no pertenece al campo procesal. Por el contrario, se determina y se regula conforme con las normas que rigen las relaciones singulares. Se establecen los vínculos recíprocos, pues considera que es el derecho material quien suministra la medida de la interdependencia entre la relación sobre la que la sentencia pronuncia y las diversas relaciones respecto de las cuales se trata de decidir si surte efecto reflejo; y así decide hasta qué punto la constitución, la modificación o en general el acercamiento de una relación influyen en el modo de ser de otra.[122]

---

[121]   F. Carnelutti.: *Instituciones de Derecho Procesal Civil…. ob. cit.,* p. 102.

[122]   F. Carnelutti.: *Instituciones de Derecho Procesal Civil…. ob. cit.,* p. 103.

Tal posición fue rechazada por Liebman, al afirmar enfáticamente que los "terceros están sujetos a la eficacia refleja de la sentencia; no lo están, en cambio a la cosa juzgada, de cualquier modo que se le quiera denominar o calificar..."[123]. Ello lo explica bajo el argumento de que la ley dispone -en forma expresa y taxativa- que la cosa juzgada forma estado sólo entre las partes, sus herederos y causahabientes, y excluye a cualquier otra persona.

Actualmente, se admite que la sentencia dictada en el proceso puede extender su eficacia a determinados terceros que, a pesar de no ser titulares del derecho o de la situación jurídica debatida y resuelta en el mismo, en razón, de que no tienen el carácter de parte, ni la *legitimatio ad causam* para intervenir en este, sí son titulares de otro derecho o de una relación conexa, dependiente y compatible con la juzgada. Dicha eficacia resulta ser prejudicial respecto de su situación jurídica, de forma tal que la eficacia jurídico material de la decisión judicial que se pronuncia sobre aquella pasa a formar parte del supuesto de hecho de la norma que rige éste, que opera como hecho constitutivo, modificativo o extintivo de la misma.[124]

Tal situación se traduce en los llamados terceros colaterales, los cuales resultan afectados por la sentencia, aunque sea indirectamente. Sus disposiciones se les imponen, aunque no hayan tenido oportunidad de defenderse al no haberse enterado a tiempo de la pendencia del proceso, e insta la correspondiente intervención adhesiva o colateral.[125]

Dentro de las situaciones jurídicas entre las que se produce la relación de conexidad, dependencia o prejudicialidad pueden mencionarse las siguientes: la del fiador respecto de la relación entre el acreedor y el deudor principal; la del sub-

---

123   E. Liebman.: *Manual de Derecho Procesal Civil.... op. cit.,* p. 602.

124   P. Grande S.: *La Extensión Subjetiva de la Cosa Juzgada en el Proceso Civil.... op. cit.,* p. 119.

125   Jordi Nieva Fenoll: *La Cosa Juzgada.* Atelier Libros Jurídicos, Barcelona 2006, p. 222.

arrendatario respecto de la relación entre el arrendador y el arrendatario; la del asegurador respecto de la relación entre el perjudicado y el causante del daño; la del deudor solidario respecto de la relación entre el codeudor y el acreedor; así como la del usufructuario respecto del propietario constituyente del usufructo.

En las situaciones mencionadas el alcance de la eficacia de la cosa juzgada material se torna controvertido. Ello, en razón a la discutida naturaleza procesal o material de los efectos que la sentencia decisora sobre la relación prejudicial despliega en el ulterior proceso en el que se ventile la relación jurídica dependiente.[126]

Así las cosas, cuando lo decidido en el proceso primigenio resulta beneficioso para el tercero titular de la relación dependiente, por ejemplo, piénsese en el subarrendatario cuando la demanda de desalojo incoada por el arrendador contra el arrendatario es declarada sin lugar, en tal supuesto no se plantea ningún problema. Sin embargo, no ocurre lo mismo cuando lo resuelto lo perjudica sin haber tenido la posibilidad de exponer y demostrar sus alegatos de defensa.

En tal sentido, debe puntualizarse que la principal vía que tienen los terceros para influir en el pronunciamiento de la sentencia condicionante de su situación jurídica es la intervención adhesiva prevista en el ordinal 3° del Artículo 370 del Código de Procedimiento Civil. Igualmente, que la factibilidad de poder enervar los efectos reflejos de la sentencia dependerá de su intervención o no, y en caso de haber tenido la posibilidad de hacerlo la eficacia refleja de la sentencia proferida en el juicio precedente se verá reforzada, en virtud de la preclusión de las impugnaciones que habrían permitido eludir o desvirtuar los efectos del fallo.

Así las cosas, surge la interrogante de si el tercero colateral le queda alguna vía ante la sentencia definitivamente firme que lo afecta. En tal sentido, la hipótesis que podría conside-

---

[126] P. Grande S.: *La Extensión Subjetiva de la Cosa Juzgada en el Proceso Civil.... op. cit.*, p. 120.

rarse para concederle la posibilidad de impugnar la decisión, sería el que las partes del proceso concluido con la sentencia firme hubiesen actuado fraudulentamente. Es decir, que haya habido la intención o actuado con el ánimo de perjudicarlo; ejemplo de ello podría ser el deudor que finge una deuda y en colusión con el supuesto acreedor instauran un proceso, con el fin de que el deudor demandado se insolvente en perjuicio del verdadero acreedor.

Por tanto, siempre que el tercero pueda demostrar el fraude entre las partes del proceso primigenio, su perjuicio derivado de la sentencia y que su condición de tercero colateral era preexistente al momento de instaurarse el juicio concluido pero que por desconocimiento no pudo participar en el mismo, podrá solicitar la invalidación de los efectos de la sentencia. Esto es, en tal supuesto falaz, la vía para enervar los efectos de la sentencia firme será la demanda por fraude procesal la cual será objeto de estudio en el siguiente capítulo.

C. *Terceros titulares de un derecho o interés jurídico incompatible y autónomo*

Dentro de esta categoría se encuentran los terceros que afirman ser titulares de una relación jurídica independiente e incompatible con la que fue debatida y juzgada; es decir, se consideran titulares de un derecho o situación jurídica que excluye la deducida por las partes en el proceso, ya que ambas no pueden coexistir en el tiempo.[127]

Los casos más comunes de derechos incompatibles se encuentran en el campo de los derechos reales. Un supuesto de ello sería la incompatibilidad que existe entre el derecho del sujeto que ejerce la acción reivindicatoria contra el poseedor por considerarse propietario del bien inmueble, y el del tercero que también se afirma propietario de dicho bien. Este último será titular de un interés jurídico incompatible con la relación jurídica debatida por el primero.

---

127 P. Grande S.: *La Extensión Subjetiva de la Cosa Juzgada en el Proceso Civil…. op. cit.*, p. 121.

A esta categoría pertenecen los terceros respecto de los cuales no se manifiesta el fenómeno de la extensión de la cosa juzgada y que no reciben ningún perjuicio de hecho ni jurídico de la sentencia entre las partes.[128] De modo que, en virtud de ello, tienen el derecho de interponer la acción idónea para obtener la tutela jurisdiccional de su derecho o situación jurídica, sin que se vean afectados por la decisión proferida en forma precedente.

D. *Terceros titulares de un interés meramente fáctico*

Llamados también terceros jurídicamente indiferentes. Ellos son los sujetos titulares de una relación jurídica subjetivamente conexa, pero independiente y compatible con la juzgada.[129] Dentro de esta categoría Réngel Romberg ubica los siguientes:

- Los herederos respecto de las sentencias obtenidas en un proceso contra el causante, pues si bien al suceder el heredero al *de cujus* no puede resultar perjudicado por sentencias anteriores a la sucesión referentes a las relaciones de las cuales él no era sujeto; sin embargo, no puede desconocer la sentencia dado que uno de los efectos de la sucesión es que el patrimonio pase al heredero en el estado en que se encontraba en la vida del causante.

- Los acreedores: se ven sujetos a la sentencia que reconoce nuevas obligaciones de su deudor frente a terceras personas, o cuando por efecto de la decisión resultan excluidos del patrimonio del deudor ciertos derechos o bienes sobre los cuales podían hacer efectivo el crédito el resto de los acreedores. En tal supuesto, los acreedores no sufren un perjuicio jurídico dado que es perfectamente viable la coexistencia de diversos créditos frente a un mismo deudor; sin embargo, la posibilidad de materialización de dicho crédito sí puede resul-

---

[128] A. Réngel R.: *Tratado de Derecho Procesal Civil Venezolano.* Tomo II.... op. cit., p. 487.

[129] P. Grande S.: *La Extensión Subjetiva de la Cosa Juzgada en el Proceso Civil....* op. cit., p. 124.

tar afectada. Tal perjuicio es considerado de mero hecho y deberá ser soportado por los acreedores, pues a pesar de que el ordenamiento jurídico proporciona los mecanismos para la tutela judicial de su derecho no siempre puede garantizar la realización efectiva del mismo, salvo en los casos de los créditos preferentes.

En suma, en los dos supuestos antes referidos tanto los herederos como los acreedores no sufren un perjuicio jurídico a causa de la sentencia dictada en el proceso del cual no formaron parte, de lo que deviene su denominación de terceros jurídicamente indiferentes, pero sí pueden sufrir un perjuicio de hecho en razón del interés fáctico que está involucrado. Será así, ya que los primeros recibirán disminuido el patrimonio del causante al momento de la sucesión y los segundos sufrirán el efecto de la disminución de la prenda común de los acreedores.

E.   *Terceros absolutamente extraños o indiferentes*

Dentro de esta categoría de terceros se encuentran los que no hubiesen podido participar ni con el carácter de tercero colateral, en el proceso terminado por la sentencia firme. En tal supuesto no tendría sentido que en el futuro se le permitiera impugnar dicho fallo a través de un segundo proceso amparados en el tenor de las normas actuales, y bajo el fundamento de que al no haber sido llamados en el proceso primigenio no pudieron defenderse.[130] Tal situación resultaría no solo contraria a la seguridad jurídica, sino que rayaría en la arbitrariedad.

Lo expuesto encuentra justificación en que los pronunciamientos que se hacen en los juicios precisan estabilidad, y, por ello, el ordenamiento jurídico impide su impugnación a cualquier persona que no puede alegar un interés por lo menos colateral, y a quienes, por tanto, no les afecta la cosa juzgada de la sentencia. Así, la estabilidad de la decisión no implica que los terceros no involucrados en las situaciones juz-

---

[130]   J. Nieva F.: *La Cosa Juzgada.... op. cit.*, p. 226.

gadas las cumplan. Sencilla y simplemente deben acatarlas en el momento que entren en contacto con dichas situaciones, por lo que como corolario de lo anterior puede afirmarse que en la situación de indiferencia jurídica se incluyen en la practica la totalidad de sentencias que se dictan en un Estado.

Por tanto, los terceros extraños o indiferentes a la relación jurídica debatida en el proceso terminado mediante sentencia firme, no resultan afectados por dicho fallo; ello, en razón de que su situación jurídica no presenta ningún tipo de conexión o dependencia con la materia debatida y juzgada. De forma tal que la decisión proferida no genera para esta categoría de terceros ningún tipo de perjuicio jurídico ni fáctico. En efecto, al no tener interés alguno que deba ser tutelado dentro del proceso pueden ser calificados como sujetos totalmente ajenos al mismo.

CAPÍTULO III

LA RELATIVIDAD DE LA COSA JUZGADA

La Constitución de la República Bolivariana de Venezuela define en el Artículo 2 al Estado como un Estado Social de Derecho y de Justicia. En esta nueva concepción del Estado, la Justicia debe ser un valor superior que impregne el ordenamiento jurídico. Y por ser un elemento que define al Estado, toda la actividad de los órganos que conforman el aparato estatal debe estar ajustada al principio de legalidad y a su vez orientada en la construcción de una sociedad justa.

Bajo esta visión constitucional del Estado de Justicia, el ejercicio de la función jurisdiccional supone que los jueces interpreten las instituciones jurídicas, para lo cual deben tomar en consideración los actuales principios que fundamentan el sistema de Derecho. Ellos persiguen hacer efectiva la Justicia, pues tienen al proceso como instrumento en los términos establecidos en el Artículo 257 constitucional. De ahí se supone que las contradicciones que se generen entre la Justicia y la seguridad jurídica sean resueltas dentro del Derecho.

Así las cosas, la concepción constitucional del proceso exige que se privilegie la verdad material sobre la verdad formal, para lo cual deben conjugarse el Derecho sustancial con el procesal en aras de alcanzar la Justicia. Desde esta concepción humanista del proceso, uno de los temas que entra en discusión es el de la cosa juzgada, la cual no puede blindar una sentencia cuando resulte violatoria de derechos fundamentales como el derecho a la defensa y el debido proceso. O también, cuando ha sido el resultado de maquinaciones fraudulentas dirigidas a perjudicar a una de las partes del proceso o a un tercero ajeno a la relación procesal. Significa que, si ha sido alcanzada mediando fraude, simulación, dolo, falta de discernimiento, e intención, que afecta no solo los actos procesales aislados, sino todo el proceso, pues, en tales supuestos, resulta contrario a la Justicia, si se mantiene la decisión investida en apariencia de cosa juzgada bajo el sustento de preservar la seguridad jurídica.

La referida polémica ya había sido planteada por los autores clásicos entre los que destacan Chiovenda, Carnelutti, Calamandrei, Couture, Goldschmidt, Schonke y Rosenberg, así como la generación posterior Gelsi, Bidart, Devis Echandía, Véscovi, quienes plantearon y sostuvieron la posibilidad de realizar una revisión de la cosa juzgada en los casos de excepción. Sobre todo, cuando se dieran situaciones de dolo, fraude, colusión o indefensión de las partes o de los terceros involucrados[131].

En el mismo sentido, la doctrina contemporánea ha señalado que cuando la decisión es el resultado de graves irregularidades en el proceso, al extremo de vulnerar el derecho a la defensa del justiciable, el debido proceso, el orden público, o es producto de una simulación artificio, o maquinación fraudulenta, con el objeto de perjudicar a una de las partes o a los terceros fuera del juicio, surge una evidente colisión entre los dos grandes principios a los que tiende todo ordenamiento jurídico. Estos principios son: certeza y justicia[132]. Cuando se da dicha fricción debe predominar esta última, por cuanto ella

---

[131]   Rodrigo Rivera Morales: "La Relatividad de la Cosa Juzgada". *Congreso Iberoamericano de Derecho Procesal*. Universidad de Lima, Lima 2008, p. 14.

[132]   Carolina González Inthamoussu: "Cosa Juzgada y Cosa Juzgada Fraudulenta". *XVIII Jornadas Iberoamericanas y XI Uruguayas de Derecho Procesal*. Fundación de Cultura Universitaria, Montevideo-Uruguay 2002, p. 473.

constituye la esencia de toda sociedad, que está jurídicamente organizada y es de la misma naturaleza humana[133].

La primacía de la Justicia sobre la seguridad jurídica se sustenta también en que si bien la estabilidad de las sentencias judiciales, impone tolerar errores; ello no puede suponer admitir la iniquidad, pues aquella, más allá de sus efectos teóricos, conduce, en la práctica, al más nefasto de los conformismos que puede producir orden; pero, jamás paz, toda vez que la paz, supone necesariamente el orden en la justicia.[134]

Sobre las anteriores premisas, en este capítulo se plantean dos visiones de la relatividad de la cosa juzgada. La primera sobre la base de la cosa juzgada fraudulenta que se produce cuando la decisión, definitivamente firme, ha sido obtenida de manera engañosa, a través del ardid o dolo de quienes participan en el proceso; así como la llamada cosa juzgada aparente cuando ha sido obtenida con violación al debido proceso y al derecho a la defensa; y la segunda que opera sobre otros vicios del decisorio que lo hacen intolerablemente injusto devenidos del cambio de las circunstancias de hecho que dieron origen al fallo, tal como la insuficiencia de prueba para el momento en que se dictó el fallo por ausencia de conocimiento científico.

Igualmente, se valorarán los mecanismos que el ordenamiento jurídico patrio ha incorporado para impugnar la cosa juzgada fraudulenta o aparente con el objeto de enervar los efectos que la misma produce en relación con las partes y con los terceros ajenos a la relación jurídica procesal.

Dichos mecanismos son: la demanda de invalidación prevista en el Artículo 328 del Código de Procedimiento Civil, el amparo constitucional, la revisión constitucional y la decla-

---

[133] C. González Inthamoussu: "Cosa Juzgada y Cosa Juzgada Fraudulenta..." *op. cit.*, p. 473.

[134] Gabriel José Díaz Cornejo: "Acción Autónoma de Nulidad de Sentencia Firme. Fundamento para su Aplicación". *XVIII Jornadas Iberoamericanas y XI Uruguayas de Derecho Procesal*. Fundación de Cultura Universitaria, Montevideo-Uruguay 2002, p. 433.

ratoria del fraude procesal, los cuales permiten obtener la nulidad de la sentencia cuando esta ha nacido infectada de los vicios señalados.

1. *Cosa juzgada aparente o fraudulenta*

La existencia en el proceso de vicios e irregularidades, que violan las garantías fundamentales, ha provocado una nueva postura en torno a la cosa juzgada impugnable; es así como se le denomina: cosa juzgada aparente o fraudulenta. Aparente supone que no se ajusta a la realidad; que no sea tal, que sólo dé la impresión de existir; mientras que con la indicación de que ella es fraudulenta, en cambio, se alude a la razón o motivo, por la cual no hay verdadera cosa juzgada. Se podrá, entonces, convenir que existe cosa juzgada aparente no fraudulenta, cuando el fraude queda excluido, como única causal de generación de una cosa juzgada aparente.[135]

Así las cosas, por contrario, se entiende por cosa juzgada fraudulenta la sentencia definitiva que ha adquirido la calidad de cosa juzgada de manera engañosa, producto de maquinaciones o del ardid de una de las partes para perjudicar a la otra. O, también, de ambas partes cuando actúan en colusión para perjudicar a un tercero ajeno a la relación procesal. Ello es una razón por la cual deberá ser extirpada del ordenamiento jurídico y perderá la calidad de cosa juzgada, pues de lo contrario se estaría convalidando un acto no acorde con la Justicia y la formalidad que el Derecho busca lograr a través de la expedición de una sentencia[136].

Conforme con lo expuesto puede afirmarse que actualmente es aceptado en forma unánime, por la doctrina moderna, que la sentencia alcanzada mediante fraude, simulación, dolo, falta de discernimiento, intención o libertad, no debe

---

[135] Raúl Tavolari Oliveros. *Las Vías de Impugnación de la Cosa Juzgada Aparente o Fraudulenta en el Derecho Procesal Chileno,* en: XVIII Jornadas Iberoamericanas y XI Uruguayas de Derecho Procesal. Fundación de Cultura Universitaria. Montevideo-Uruguay 2002, pp. 571-572.

[136] R. Rivera Morales: "La Relatividad de la Cosa Juzgada.... *op. cit.,* p. 14.

formar cosa juzgada material, pues tales vicios afectan no sólo los actos procesales aislados, sino todo el proceso. Ahora bien, en caso de constituirse, por cuestión legislativa, debe haber la posibilidad de impugnarla.

Lo anterior refuerza la tesis de que, si bien la cosa juzgada es la esencia de la jurisdicción, pues garantiza la seguridad y la certeza en las relaciones jurídicas, ya no es un valor absoluto sino relativo. La firmeza de la sentencia judicial debe ceder en determinadas circunstancias que ocasionen grave perjuicio, ante la necesidad de tutelar a la verdad como contenido intrínseco del valor justicia[137].

Tal ha sido el criterio sostenido en forma reiterada por la doctrina jurisprudencial de la Sala Constitucional del Tribunal Supremo de Justicia, en diferentes decisiones a partir del año 2000, asumida en sentencia N° 442 de fecha 19 de mayo de 2000. En ella expresó que, frente al principio de seguridad jurídica originado por la estabilidad de las decisiones y el derecho de los justiciables a no ser juzgados por los mismos hechos, se contrapone el derecho de las partes a intervenir en un proceso justo, transparente y equitativo; de tal forma que, se les garantice a las partes, el acceso a la justicia, el derecho a ser oídos, a intervenir en la defensa de sus derechos y a obtener una sentencia oportuna y efectiva.

En dicha decisión la Sala Constitucional dejó sentado que la aludida contraposición entre la estabilidad de las decisiones y el derecho de las partes a intervenir en un proceso justo, fue lo que motivó a que la Sala de Casación Civil, de la extinta Corte Suprema de Justicia, hiciera referencia a la cosa juzgada aparente, cuando la sentencia proferida no haya sido el resultado de una proceso estable y válido[138].

---

[137] Ángel Landoni Sosa. *Cosa Juzgada: Valor Absoluto o Relativo*, en: XVIII Jornadas Iberoamericanas y XI Uruguayas de Derecho Procesal. Fundación de Cultura Universitaria. Montevideo-Uruguay 2001, p. 508.

[138] http://www.tsj.gov.ve/decisiones/scon/Mayo/422-190500-00-0284.htm

Ahora bien, admitida la relatividad de la cosa juzgada en los supuestos de la cosa juzgada fraudulenta o aparente, el problema que se debe resolver es precisar cuál es la vía apropiada para atacarla. A continuación, se estudiará la demanda de invalidación como uno de los mecánicos que permiten enervar los efectos de la cosa juzgada; la denuncia de fraude procesal; el amparo constitucional contra sentencias definitivamente firmes previsto en el Artículo 4 de la Ley Orgánica de Amparo sobre Derechos y Garantías Constitucionales, siempre que exista la violación de un derecho constitucional en circunstancias como la usurpación de funciones o abuso de poder del tribunal agraviante. O también que haya habido violación de un derecho constitucional y que se hayan agotado los mecánicos procesales ordinarios, o que resulten inidóneos, para restituir el derecho lesionado; y la revisión constitucional cuando la sentencia resulte violatoria de los principios constitucionales y derechos fundamentales o sea contradictoria con la doctrina de la Sala Constitucional.

2.   *Mecanismos de impugnación de la cosa juzgada aparente*

A.   *Demanda de invalidación*

El Título IX del Libro Primero del Código de Procedimiento Civil, en sus Artículos 327 al 339 regula el recurso de invalidación, el cual a pesar de que el legislador lo denomina recurso y lo ubicó inmediatamente después del recurso de casación, ha sido considerado por la doctrina de la Sala de Casación Civil como un juicio y no un recurso. Dicho criterio ha sido sostenido en distintas decisiones, siendo una de las que lo contienen la sentencia N° 32 de fecha 24 de marzo de 2003, la cual estableció que el procedimiento de invalidación constituye un juicio y no un recurso. De ahí que su naturaleza jurídica es la de una demanda o juicio de invalidación, cuyo fin perseguido no es otro que privar de los efectos jurídicos válidos a una sentencia ejecutoriada o un acto que tenga fuerza de tal. Es una conclusión que se refuerza a tenor del Artículo 330 del Código de Procedimiento Civil, al exigir que la invalidación se debe interponer por escrito que llenará los requisitos del Artículo 340 *eiusdem*; es decir, que deberá cumplir con los requisitos de un libelo de demanda[139].

Por tanto, puede afirmarse que de acuerdo con la regulación que hace el Código de Procedimiento Civil de la invalidación efectivamente su naturaleza es la de una demanda que reviste carácter extraordinario, en virtud de que tiene por objeto: "...revocar o inutilizar la sentencia ejecutoria dictada sobre la base de errores sustanciales desconocidos, procesales o de hecho, tipificados en la enumeración legal"[140].

El Artículo 328 *eiusdem* establece los supuestos de hecho que pudieran invalidar una sentencia los cuales forman parte del contradictorio y del debate probatorio, por lo que no puede el juez a quien corresponde pronunciarse sobre la admisión de la demanda de invalidación utilizar tales motivos como causales de inadmisión de la demanda. Dichas causales deberán examinarse conforme con el Artículo 341 *ibídem*, en cuanto a que no resulte contraria al orden público, a las buenas costumbres o a alguna disposición expresa de ley. Tal advertencia, aun cuando pareciera evidente en la práctica, es común observar que las demandas de invalidación son declaradas inadmisibles con fundamento en las causales contenidas en el Artículo 328. Es así porque resulta contrario al debido proceso y vulnera el derecho a la defensa y a la tutela judicial efectiva del accionante, y así lo ha señalado en forma reiterada la jurisprudencia del Tribunal Supremo de Justicia[141].

A diferencia del ordenamiento jurídico patrio, los ordenamientos jurídicos foráneos han acogido, como equivalente a la demanda de invalidación, el recurso de revisión como el mecanismo para impugnar la cosa juzgada defectuosa o injusta; incluye, específicamente, el ataque contra la cosa juzgada fraudulenta o aparente. Dicho recurso es una de las vías que

---

139   http://www.tsj.gov.ve/decisiones/scc/Marzo/32-240303-01570.htm

140   Ricardo Henríquez La Roche: *Código de Procedimiento Civil*, Tomo II. Librería Álvaro Nora, C.A., Caracas 2004, p. 629.

141   http://www.tsj.gov.ve/decisiones/scc/Noviembre/-0004-151101-990 03-99360.htm.

es posible emplear para obtener la revisión de la cosa juzgada. Dicho recurso es definido por Ángel Landoni Sosa como:

> ...un medio impugnativo extraordinario que habilita, dentro de un determinado plazo, para hacer valer, frente a una sentencia pasada en autoridad de cosa juzgada, determinadas causales de excepción, expresamente previstas en la ley, con la finalidad de obtener la revocación de la resolución impugnada[142].

Igualmente, Juan Montero Aroca señala que la revisión es un proceso autónomo en el que se ejercita una pretensión impugnativa de la sentencia firme, fundamentada en hechos nuevos y diferentes de los que fueron tratados en el proceso anterior[143].

En España la revisión de las sentencias firmes está prevista como un recurso en el Artículo 510 de la Ley de Enjuiciamiento Civil, y se establece como motivos de revisión los siguientes: cuando después de pronunciada la sentencia aparezcan documentos decisivos no disponibles por fuerza mayor o por causa de la parte en cuyo favor se sentenció; cuando la sentencia hubiere recaído en virtud de documentos que al tiempo de dictarse ignoraba una de las partes haber sido declarados falsos en un proceso penal, o cuya falsedad se declarare después penalmente; cuando el fallo hubiese sido dictado con fundamento en testimonios o prueba pericial que posteriormente es declarada falsa; y cuando el juicio se hubiese ganado injustamente en virtud de cohecho, violencia o maquinación fraudulenta[144].

La jurisprudencia española ha señalado que los referidos motivos de revisión de la sentencia firme presentan caracterís-

---

[142] Ángel Landoni Sosa: "La cosa juzgada valor: absoluto o relativo". *XVIII Jornadas Iberoamericanas y XI Uruguayas de Derecho Procesal*. Montevideo, 2002, p. 493.

[143] Juan Montero Aroca: *Tratado de Recursos en el Proceso Civil*. Tirant Lo Blanch, Valencia 2005, p. 1139.

[144] Ley de Enjuiciamiento Civil.... *op. cit.*, p. 398.

ticas comunes, a saber: tienen el carácter de *numerus clausus*, es decir, que sólo resulta posible interponerla con fundamento en los supuestos que taxativamente señala la ley. Ellos no son susceptibles de aplicación extensiva a casos diferentes a los expresamente previstos en la norma; los hechos que dan lugar a la revisión tienen que haberse producido fuera del proceso en que se hubiese dictado la sentencia que se trata de impugnar, ya que los hechos que hubiesen sido debatidos en el proceso no constituyen novedad alguna que pueda dar lugar a la revisión.

Por otra parte, que los hechos se descubran con posterioridad al momento de haberse proferido la sentencia objeto de la revisión; además, que entre el hecho integrante del motivo alegado y la sentencia firme cuya revisión se pretende exista una relación decisiva de forma tal que de no haber existido aquel hecho o de haberse conocido en el proceso, la decisión podría haber sido distinta; y que el motivo que se alegue se determine con precisión y se pruebe el hecho que lo integra y el nexo causal entre éste y la sentencia objeto de revisión[145].

Junto al aludido recurso de revisión la Ley de Enjuiciamiento Civil establece en el Artículo 501, la acción de rescisión de la sentencia firme que puede proponer el demandado rebelde ante el tribunal que dictó el fallo en los siguientes casos: la fuerza mayor ininterrumpida que impidiera al demandado rebelde comparecer en todo momento al proceso, aunque haya tenido conocimiento del juicio por haber sido emplazado.

También, por el desconocimiento de la demanda y del pleito cuando la citación del demandado se hubiese practicado por cédula y no hubiese llegado a poder del demandado por causa que no le sea imputable y el desconocimiento de la demanda y del pleito cuando el demandado rebelde haya sido citado o emplazado por edictos y haya estado ausente del lu-

---

[145] J. Montero Aroca: *Tratado de Recursos en el Proceso Civil. ...op. cit.*, pp. 1180-1182.

gar en que se haya seguido el proceso y de cualquier otro lugar del Estado en cuyos boletines se hubiesen publicado[146].

Obsérvese que los motivos previstos en el Artículo 328 del Código de Procedimiento Civil, como causales taxativas para interponer la demanda de invalidación, si bien guardan semejanza con la regulación que hace la ley de Enjuiciamiento Civil de la acción de revisión y de rescisión como mecanismos de impugnación de la sentencia firme; no obstante, resultan limitados en relación con los contemplados en la legislación española, sobre todo en cuanto a las pruebas determinantes para la resolución de la controversia en las que se hubiese fundamentado la sentencia firme.

En efecto, el Artículo 328 ordinal 3° pues sólo prevé la falsedad del instrumento en virtud del cual se hubiese pronunciado la sentencia declarada en juicio penal. Nótese que limita la falsedad a la prueba documental y excluye la posibilidad de los testigos y peritos, cuyos testimonios y peritajes hubiesen sido determinantes para el dictamen de la sentencia y luego sean condenados por falso testimonio, motivo que en el caso español si constituye una causal para intentar la revisión de la sentencia. La exclusión de dicho supuesto, resulta contraria a la necesidad de privilegiar la actividad probatoria como única forma de lograr la determinación de la verdad de los hechos, sobre todo en los casos de demandas por daños y perjuicios provenientes de accidentes de tránsito.

Igualmente, el supuesto previsto en el ordinal 4°, del mismo Artículo 328, referido a la prueba fehaciente determinante no disponible durante el proceso, resulta deficiente, pues sólo contempla el supuesto de que hubiese sido retenida por la parte contraria o que ésta hubiese impedido su presentación. Deja por fuera cuando la fuerza mayor y el caso fortuito sea el obstáculo para la promoción de la prueba en tiempo oportuno. No se regula, tampoco, la llamada insuficiencia de prueba por falta de conocimiento científico necesario al momento de dictar la sentencia; éste es un aspecto relevante para

---

[146] Ley de Enjuiciamiento Civil...*op. cit.*, p. 395.

las pretensiones relativas a los daños y perjuicios causados por el consumo de medicamentos, cuando para la época de proferir la decisión no se hubiese podido establecer la relación de causalidad por falta de conocimiento científico.

Asimismo, se aprecia que el fraude se limita a la citación; es decir, no está previsto el fraude procesal genérico relativo a todo el proceso, como si está regulado en la Ley de Enjuiciamiento Civil, pues como es sabido el fraude procesal actualmente no es procedente como causal para demandar la invalidación de la sentencia; por el contrario, amerita una denuncia mediante una acción autónoma de fraude procesal, y, en algunos casos, en que el dolo genere a su vez violación a derechos constitucionales, mediante el amparo. Ello se tratará más adelante cuando se estudien tales mecanismos de impugnación de la sentencia firme.

Se aprecia también que la falta de citación del demandado o el error en la misma prevista como motivo de invalidación en el ordinal 1°, del Artículo 328, no está contemplada como causal de revisión en la Ley de Enjuiciamiento Civil, sino que se corresponde a los supuestos para intentar la acción de rescisión de sentencia firme a instancia del demandado rebelde.

Conforme con lo expuesto, se afirma que los supuestos previstos en el Artículo 328, como causales de invalidación, resultan limitados, pues se excluyen motivos como los antes señalados que guardan estrecha relación con la prueba determinante para dictar la sentencia. Tal situación, como se indicó, resulta contrario a la necesidad de privilegiar la actividad probatoria en pro de la determinación de la verdad de los hechos a la luz de la nueva concepción constitucional del proceso que como se ha dicho tiene como fin la realización de la justicia.

Se aprecia también que el legislador patrio incorporó expresamente como causal de invalidación la colisión de la sentencia con otra pasada en autoridad de cosa juzgada, siempre que, por no haberse tenido conocimiento de la primera, no se hubiere alegado en el proceso la cosa juzgada.

Dicha causal, tiene por finalidad afianzar la seguridad jurídica al garantizar los efectos de la cosa juzgada conforme con la previsión constitucional del Artículo 49 y de la prohibición de volver a decidir lo juzgado por sentencia definitivamente firme a tenor del Artículo 272 procesal. Por tanto, ha de ser analizada en forma sistemática con el plazo de caducidad para demandar la invalidación de la sentencia con fundamento en dicha causal, previsto en el Artículo 334 procesal. Entonces, en esta circunstancia, se infiere que, a pesar de que la cosa juzgada tiene carácter de garantía constitucional, la misma puede ser renunciada por la parte que pudo haberla alegado a su favor cuando deja transcurrir tres meses desde que haya tenido prueba de la sentencia cause cosa juzgada. Pasado dicho plazo de caducidad no podrá interponer la demanda de invalidación contra la decisión proferida en colisión con la cosa juzgada.

Respecto a la causal de invalidación prevista en el ordinal 6° del Artículo 328 del Código de Procedimiento Civil, concerniente a la decisión proferida en última instancia por un juez que no haya tenido nombramiento de tal, o por un juez que haya tenido conocimiento de estar suspendido por decreto legal, y, sin embargo, consideró que, a pesar de estar contemplado como un supuesto que permite invalidar la sentencia investida de cosa juzgada, más bien se corresponde con el supuesto de procedencia del amparo contra sentencia. En este caso se trata de un vicio del procedimiento y no de un supuesto fáctico del que no existe evidencia en el proceso como el resto de las demás causales para la procedencia de la invalidación.

Cabe destacar que en el ordenamiento jurídico colombiano el Código General del Proceso, regula, en forma mucho más amplia que el Código de Procedimiento Civil nuestro, la revisión de sentencias firmes. Así establece en el Artículo 355 como causas para la procedencia de la misma, prácticamente los motivos que contempla para ello la Ley de Enjuiciamiento Civil antes comentados; no obstante, adiciona, al igual que en el caso nuestro, la colisión de la sentencia con otra anterior que constituya cosa juzgada.

Se observa, en el caso colombiano, que el plazo de caducidad para interponer la revisión por tal causal es de dos (02) años siguientes a la ejecutoria de la decisión, cuya revisión se pretende, al contrario del lapso breve de escasos tres meses establecido en la legislación venezolana. Asimismo, al igual que en el referido Artículo 328 el Código General del Proceso contempla la falta de emplazamiento del demandado como un supuesto para la procedencia de la revisión de la sentencia. Un aspecto que, como antes se señaló, es previsto como causal de la acción de rescisión de la sentencia firme en la legislación española y no como motivo de revisión.

En orden a lo antes expuesto, resulta claro que la demanda de invalidación no tiene como finalidad obtener la nulidad de la sentencia, sino la rescisión del juicio anterior donde se profirió dicha decisión; es por ello que las causales previstas en las legislaciones comentadas que permiten la revisión del fallo no se sustentan en vicios del procedimiento ni de la decisión, sino en el conocimiento de determinados hechos que no constan en los autos del proceso, pero que son determinantes para suponer que de haber estado disponibles en el momento de proferir la sentencia el resultado podía haber sido distinto; es decir, que las causales que se tipifican en forma taxativa una vez apreciadas evidencian que la decisión pudo ser injusta o errónea.

En los supuestos contenidos en el referido Artículo 328, se pueden subsumir situaciones, en las que la sentencia definitivamente firme solo sea cosa juzgada aparente. En tal virtud puede ser impugnada mediante el ejercicio de la demanda de invalidación. La sentencia que resuelve la invalidación solo es recurrible a través del recurso de casación, siempre que sea admisible por la cuantía y de conformidad con lo establecido en el Artículo 312 del Código de Procedimiento Civil.

La declaratoria con lugar de la invalidación trae consecuencias distintas de acuerdo con la causa en que se haya fundamentado. Así, cuando haya sido propuesta con sustento en las causas previstas en los ordinales 1° y 2° del Artículo 328 relativos a la falta de citación o el error o fraude cometidos en la citación para la contestación; o en la citación para la contestación de la demanda de niños y adolescentes, entredichos o inhabilitados, el juicio se hace inexistente, pues debe reponerse la causa al estado de interponer nuevamente la demanda.

Cuando la demanda se hubiese sustentado en el resto de las causas contenidas en los ordinales 3° al 6° del precitado Artículo 328, relativas a la falsedad del instrumento en virtud del cual se hubiese pronunciado la decisión; la retención en poder de la contraparte de un instrumento decisivo en favor del recurrente; la colisión de la sentencia con otra que tenga el carácter de cosa juzgada y la decisión proferida por un juez que no haya tenido nombramiento de tal o hubiese sido depuesto, se declarará la nulidad de la decisión reponiéndose la causa al estado de dictar sentencia.

B. *Amparo constitucional contra sentencia*

La demanda de amparo constitucional prevista en el Artículo 4 de la Ley Orgánica de Amparo sobre Derechos y Garantías Constitucionales, conforme con la jurisprudencia de la otrora Corte Suprema de Justicia y de la Sala Constitucional del Tribunal Supremo de Justicia, se ha desarrollado con el objeto de impugnar las sentencias definitivamente firmes; es decir, con carácter de cosa juzgada, dictadas por un órgano jurisdiccional actuando fuera de su competencia en sentido constitucional; esto es, con abuso de autoridad, usurpación de funciones o extralimitación de atribuciones, que violen o amenacen los derechos y garantías fundamentales.

Se ha denominado amparo contra sentencia; su finalidad es obtener el restablecimiento de la situación jurídica denunciada como infringida o en su defecto la que más se le asemeje, mediante la obtención de la nulidad de la decisión judicial atacada o cuestionada en sede constitucional. También se puede dar la eventual reposición de la causa, siempre que no existan vías ordinarias para acatar la decisión jurisdiccional, o que aun existiendo estas no sean expeditas o eficaces, breves e idóneas.[147]

Respecto de la procedencia de la demanda de amparo contra sentencia, la doctrina jurisprudencial de la extinta Corte Suprema de Justicia había mantenido en forma reiterada que la expresión "actuando fuera de sus competencia" contenida en el Artículo 4 de la Ley de Amparo sobre Derechos y Garantías Constitucional, no tiene el sentido procesal estricto por cuanto no se refiere exclusivamente a la incompetencia del tribunal por la materia, valor o territorio, sino que también corresponde a los conceptos de abuso de poder o extralimitación de atribuciones. Dicho criterito ha sido asumido por la Sala Constitucional del Tribunal Supremo de Justicia, tal como se expresa en la decisión N° 1 de fecha 24 de enero de 2001[148].

Igualmente, la mencionada Sala Constitucional en decisión N° 2.563 de fecha 9 de noviembre de 2004, puntualizó los requisitos que deben cumplirse en forma concurrente para la procedencia de la acción de amparo contra sentencia, los cuales se resumen así:

- Que el órgano jurisdiccional haya actuado fuera de su competencia, ello no solo referido a la incompetencia por la materia, el territorio o la cuantía; sino que supone el uso indebido de las funciones que le son conferidas por la ley e incurre en abuso de autoridad, usurpación de funciones o extralimitación de atribuciones.

- La alegación y demostración de la vulneración o menoscabo de derechos constitucionales, originadas por la sentencia. Sobre este aspecto debe señalarse que cualquier transgresión de derechos y garantías constitucionales no puede ser tutelada en forma inmediata por el amparo y menos aun las que sean provenientes de la actividad procesal; ello en virtud

---

147 Humberto E. Bello Tabares T y Dorgi Jiménez Ramos: *Tutela Judicial Efectiva y Otras Garantías Constitucionales* Procesales. 2ª Edición. Ediciones Paredes, Caracas, 2006, p. 257.

148 http://www.tsj.gov.ve/decisiones/scon/Enero/01-240101-00-0933.htm.

de que todos los jueces de la República son tutores de la integridad de la constitución, y están facultados para restablecer la situación jurídica infringida al ser empleadas por los justiciables las vías ordinarias, antes de que se torne irreparable.

- La cualidad e interés del accionante en amparo en sostener el derecho constitucional que pretende, ya sea por resultar afectado directamente por la decisión o por tratarse de un tercero afectado en forma directa.

- La no existencia de un medio judicial preexistente y ordinario que resulte idóneo, eficaz y expedito para obtener el restablecimiento de la situación jurídica denunciada como infringida; o que se hubiesen agotado los mismos en caso de existir y sin embargo continúe la violación constitucional. En tal sentido, debe hacerse la salvedad de que cuando existan vías judiciales ordinarias, corresponde al accionante en amparo la carga de alegar y demostrar la insuficiencia de éstas, así como el carácter no expedito y la irreparabilidad de la situación que ocasionaría el acudir a la vía ordinaria.

- Que la decisión impugnada vulnere el principio de seguridad jurídica al proveer contra la cosa juzgada, así como contra los derechos constitucionales a la defensa, al debido proceso o contra la garantía jurisdiccional a la tutela judicial efectiva[149].

Ahora bien, abundante ha sido la jurisprudencia de la Sala Constitucional en torno al amparo contra sentencia como mecanismo que permite enervar los efectos de la cosa juzgada, cuando la sentencia definitivamente firme ha sido dictada en un proceso con infracción al debido proceso, al derecho a la defensa y a la tutela judicial efectiva. Son supuestos en los cuales la Sala ha declarado la nulidad de todas las actuaciones producidas en dicho proceso junto con la sentencia, o solo de esta última.

---

[149] http://www.tsj.gov.ve/decisiones/scon/Noviembre/2563-091104-03-2517.htm

En efecto, el debido proceso y el derecho a la defensa constituyen derechos constitucionales que deben ser garantizados en el desarrollo del juicio, por ser consustanciales con la persona humana, y en tal virtud la sentencia que haya sido proferida con violación a los mismos, no puede estar brindada por el atributo de la invariabilidad propio de la cosa juzgada.

Así, la mencionada Sala Constitucional en decisión N° 5 de fecha 24 de enero de 2001 se pronunció sobre los referidos derechos, y señala que el debido proceso debe entenderse como el trámite que permite oír a las partes, en la forma prevista en la ley y que ajustado a derecho otorga a los justiciables el tiempo y los medios idóneos para imponer sus defensas. Y que el derecho a la defensa se concibe como la oportunidad para las partes de que se oigan y analicen sus alegatos, excepciones y pruebas; por lo que existirá violación al derecho a la defensa cuando el justiciable no conoce el procedimiento que pueda afectarlo, y se le impide su participación o el ejercicio de sus derechos dentro del proceso, o se le prohíbe y obstaculiza efectuar actividades probatorias[150]; es decir, que sus alegatos y pruebas no son apreciados en la sentencia.

Ahora, en relación con la garantía jurisdiccional de la tutela judicial efectiva, la doctrina patria ha señalado que la misma "es el derecho o la garantía constitucional que involucra y comprende: a) El derecho de acceso a los órganos de administración de justicia. b) El derecho a obtener una sentencia fundada, razonada, motivada, justa, correcta, congruente y que no sea jurídicamente errónea. c) El derecho a ejercer los recursos previstos en la Ley, contra las decisiones perjudiciales. d) El derecho a ejecutar las decisiones judiciales."[151]

La jurisprudencia de la Sala Constitucional del Tribunal Supremo de Justicia, se enmarca dentro de la corriente que considera la tutela judicial efectiva como la suma de todos los

---

[150] http://www.tsj.gov.ve/decisiones/scon/Enero/05-240101-00-1323% 20.htm

[151] H. E. T. Bello Tabares y D. Jiménez Ramos.: *Tutela Judicial Efectiva y Otras Garantías Constitucionales Procesales.* ... *ob. cit.*, p. 54.

derechos constitucionales procesales establecidos en los Artículos 26 y 49 constitucionales. Así, en sentencia N° 576 del 27 de abril de 2001, señaló que la garantía jurisdiccional, llamada también tutela judicial efectiva, es el derecho atribuido a toda persona de acceder a los órganos de administración de justicia para que sus pretensiones sean tramitadas a través de un proceso que ofrezca unas mínimas garantías.

Ello sólo es posible cuando cumplan dentro del juicio los principios constitucionales, con el objeto de un obtener una decisión ajustada a derecho mediante la utilización de las vías procesales prescritas para el fin específico perseguido. Supone, también, la obligación por parte de los justiciables, de no obstaculizar el desarrollo del proceso con actos inútiles e innecesarios para la defensa del derecho que pretendan sea declarado[152].

Así las cosas, independientemente de que se entienda la noción de tutela judicial efectiva como la suma de todos los derechos constitucionales procesales, tal como lo expresa la Sala Constitucional, o que se asuma el criterio restringido de la doctrina nacional, se interpreta que la misma constituye la garantía jurisdiccional prevista de manera expresa en la Constitución. Su sustento se encuentra en que la justicia es, y debe ser, uno de los valores fundamentales presente en todos los aspectos de la vida social, por lo cual debe impregnar todo el ordenamiento jurídico y constituir uno de los objetivos de la actividad del Estado, en garantía de la paz social. Asimismo, que dicha garantía jurisdiccional comprende entre otros, el derecho a obtener una sentencia conforme con derecho, así como la ejecución de fallo, pues la ejecución no es otra cosa que la última fase del proceso, que es parte del poder que emana de la jurisdicción, conforme con lo previsto en el Artículo 253 constitucional.

En esta misma intención, hay que decir lo que sigue: cuando el órgano jurisdiccional que conoce del amparo contra

---

[152] http://www.tsj.gov.ve/decisiones/scon/Abril/576-270401-00-2794.htm

sentencia aprecia que se violaron los derechos constitucionales del accionante, sea porque se haya transgredido el debido proceso, o porque no se le hubiese oído y analizado en forma oportuna sus alegatos de defensa, ni las pruebas promovidas para su demostración. O también, que se le haya impedido el acceso a la jurisdicción, como cuando se declara inadmisible la demanda por motivos no contemplados en el Artículo 341 del Código de Procedimiento Civil; o se le ha impedido el ejercicio de los recursos; en tales casos, corresponde al juzgador en la sentencia que resuelva el amparo restituir la situación jurídica infringida.

Así las cosas, la decisión dictada por el juez constitucional tendrá que anular la impugnada; además, debe, de acuerdo con las violaciones detectadas, reponer la causa al estado de dictar nueva decisión sin incurrir en la violación de derechos constitucionales denunciados; o reponer la causa al estado de que se efectúe el acto procesal subvertido si hubiese violación al debido proceso y dejará incólumes los actos cuya validez no dependan del acto anulado; o cuando todo el proceso resulte infectado, anular todas las actuaciones procesales cumplidas en el mismo y reponer la causa al estado de admisión de la demanda, como cuando hubiese sido tramitada por un procedimiento que no era el correcto; piénsese que se tramite por el juicio breve cuando lo correcto era el ordinario.

Conforme con lo expuesto, el efecto restitutorio del amparo constitucional contra sentencia, se patentiza a través de la declaratoria de nulidad de la decisión, actuación, auto o resolución procesal violatorios del derecho o derechos constitucionales denunciados por el accionante o de cualquier otro no delatado que el juez considere vulnerados; o la anulación del proceso en su totalidad, o del trámite procedimental y la subsiguiente reposición de la causa al estado que corresponda de acuerdo con la situación concreta. Por ello, la finalidad del amparo es controlar la constitucionalidad de la sentencia definitivamente firme cuando se subvierte el proceso debido, se genera indefensión, o se vulnera la tutela judicial efectiva del justiciable

En tal sentido, cabe destacar que la jurisprudencia de la Sala Constitucional en materia de amparo contra sentencia como mecanismo para impugnar la cosa juzgada aparente, no solo ha considerado situaciones como las comentadas relacionas con el detrimento de los derechos constitucionales antes mencionados, en las que ha fundamentado la declaratoria de nulidad de decisión definitivamente firme, o la del juicio en que se produjo, por contener los hechos en los cuales se origina la aludida cosa juzgada aparente, sino que dentro del derecho a la defensa ha incluido el vicio de inmotivación de la sentencia.

Así, en la decisión N° 293 de fecha 20 de febrero de 2003, señaló que cuando la sentencia adolece del referido vicio se produce la falta por parte del juzgador se fundamentar las razones de hecho y de derecho que tuvo para sustentar su fallo, lo cual vulnera el derecho a la defensa del justiciable. Es así, ya que la motivación de la sentencia es la que permite a las partes conocer los elementos que sirvieron de fundamento de la misma, así como el derecho aplicable al caso concreto; de forma tal que ha de contar con los elementos necesarios para poder conocer y eventualmente atacar las razones que utilizó el órgano jurisdiccional para desestimar sus pretensiones[153].

Igualmente, en decisión N° 312 de la misma fecha 20 de febrero de 2003, ratificó el criterio anteriormente citado, y añade que la falta de motivación de la sentencia es un vicio que afecta al orden público, en razón de que todo el sistema de responsabilidad civil de los jueces no podría aplicarse, ni se conocería como se obtuvo la cosa juzgada. De ello se derivaría que principios como el de la congruencia y el derecho de la defensa se minimizarían, lo que originaría un caos social[154].

Asimismo, ha considerado la Sala el vicio de incongruencia omisiva como uno de los supuestos para impugnar

---

[153] http://www.tsj.gov.ve/decisiones/scon/Febrero/293-200203-01-0973.htm

[154] http://www.tsj.gov.ve/decisiones/scon/Febrero/321-200203-00-2656.htm

la cosa juzgada, mediante la acción de amparo. En efecto, en decisión N° 969 de fecha 16 de junio de 2008, expresó que cuando la sentencia omite juzgar sobre lo solicitado por las partes, o lo resuelto en ella no guarda relación con lo peticionado, resulta evidente una desviación de tal naturaleza que supone una modificación sustancial de los términos en que quedó planteada la *litis* y discurrió la controversia; por tanto, se produce el vicio de incongruencia omisiva el cual resulta lesivo de la tutela judicial efectiva[155].

Resulta evidente, también, que la posibilidad de enervar los efectos de la cosa juzgada aparente, a través del amparo contra decisiones judiciales, se amplía cada vez más, al incluir la Sala Constitucional, dentro de su doctrina, los vicios de inmotivación de la sentencia e incongruencia omisiva del fallo. La inmotivación por considerar que dicho vicio afecta el orden público, dado que al no poder conocer las partes las razones que condujeron al juzgador para declarar con o sin lugar la demanda, mal puede hacerse efectiva la llamada responsabilidad del Estado Juez, ni la personal del mismo; ni podría conocerse cómo la sentencia alcanzó la fuerza de cosa juzgada; de modo que resulta vulnerado, en definitiva, el derecho a la defensa del justiciable.

Y el vicio de incongruencia del fallo, por entrañar una vulneración al principio de contradicción, lesivo de la garantía jurisdiccional a la tutela judicial efectiva.

A pesar del amplio campo de procedencia de la acción de amparo contra sentencia, debe tenerse en cuenta que la misma no puede desvirtuarse al pretender convertirla en una tercera instancia para controlar la función jurisdiccional, con el fin de examinar la legalidad de las decisiones judiciales, así como la libre apreciación de los hechos y de las pruebas por parte del juez, o la aplicación de la norma al caso concreto; o para revertir el resultado perjudicial del fallo, en razón de que la procedencia de la acción viene dada en la medida en que la

---

[155] http://www.tsj.gov.ve/decisiones/scon/Junio/969-160608-08-0018.htm

decisión impugnada resulte violatoria de los derechos constitucionales o adolezca de los vicios de inmotivación o incongruencia antes referidos, o haya sido proferida por un órgano jurisdiccional actuando fuera de su competencia.

En orden a lo antes expuesto, resulta claro que la concepción constitucional del Estado de Derecho y de Justicia, y la visión humanista del proceso exigen que la cosa juzgada necesariamente sea el resultado de un proceso debido, en el que se respete al justiciable sus derechos constitucionales a la defensa y a la tutela judicial efectiva; por tanto, cuando la sentencia definitivamente firme se obtenga en detrimento de tales derechos, se está frente a la llamada cosa juzgada aparente que no puede estar revestida de la noción de orden público, y en tal virtud puede ser destruida por el ejercicio de la demanda de amparo contra sentencia.

C. Revisión constitucional

El carácter de cosa juzgada de la sentencia definitivamente firme también puede ser destruido como consecuencia del mecanismo extraordinario de revisión de decisiones judiciales, ejercido de manera exclusiva y excluyente por la Sala Constitucional del Tribunal Supremo de Justicia; ello es posible de acuerdo con lo establecido en el Artículo 336.10 de la Constitución de la República Bolivariana de Venezuela en concordancia con el Artículo 25 ordinales 10°, 11° y 12° de la Ley Orgánica del Tribunal Supremo de Justicia, cuya finalidad, conforme con la exposición de motivos del texto fundamental, es garantizar la uniformidad en la interpretación de las normas y principios constitucionales, la eficacia del texto fundamental y la seguridad jurídica.

Respecto a la finalidad de la revisión constitucional, la Sala Constitucional del Tribunal Supremo de Justicia en decisión N° 1.760 de fecha 25 de septiembre de 2001, expresó que la misma tiene como propósito uniformar la interpretación de la constitución; dictar pautas de aplicación constitucional y reconducir a prácticas legitimadas por el texto fundamental de 1999, actitudes judiciales nacidas al amparo de preceptos legales o constitucionales derogados o de principios o valores superados; por lo que su objetivo es mantener incólume el orden constitucional, y, en tal virtud, si bien mediante la solicitud de revisión constitucional pudieran resultar restituidos derechos constitucionales violados con la decisión; ello no constituye la finalidad esencial de la institución, además de que tampoco puede ser entendida como una tercera instancia de conocimiento para corregir errores judiciales[156].

De conformidad con el criterio jurisprudencial expuesto, es evidente que el mecanismo extraordinario de revisión tiene en esencia un fin público, general y abstracto que tiende a la defensa del derecho objetivo y a la uniformidad de la interpretación de las normas y principios constitucionales. Sólo incidentalmente puede favorecer los fines privados de los justiciables[157], tal como lo señaló la mencionada Sala Constitucional en sentencia N° 1.411 de fecha 17 de julio de 2006. En ella puntualizó que la revisión constitucional, a diferencia del amparo, no persigue la tutela de derechos subjetivos, los cuales sólo pueden ser tutelados en forma indirecta por ésta, dado que ello no constituye su finalidad primaria que no es otra que lograr la integridad objetiva del texto constitucional[158].

En cuanto a la naturaleza de la revisión constitucional la jurisprudencia de la Sala Constitucional, ha señalado que es una potestad extraordinaria y excepcional de esa Sala, que le fue atribuida por el constituyente con el objeto de lograr la uniformidad de criterios constitucionales[159]. Igualmente, en decisión N° 1.265 de fecha 17 de junio de 2005, precisó que su ejercicio es discrecional y facultativo, pues no está en la obligación de pronunciarse sobre todas las sentencias que son re-

---

156   http://www.tsj.gov.ve/decisiones/scon/Septiembre/1760-250901-00-2783.htm.

157   Leoncio Edilberto Cuenca Espinoza: *Revisión de las Decisiones Judiciales como Mecanismo de Control de Constitucionalidad en Venezuela*. Ediciones Paredes, Venezuela 2007, p. 20.

158   http://www.tsj.gov.ve/decisiones/scon/Julio/1411-170706-06-0748.htm.

159   http://www.tsj.gov.ve/decisiones/scon/Octubre/2507-151002-02-0911.htm.

mitidas para su revisión. Asimismo, en sentencia N° 93 de fecha 06 de febrero de 2001, dejó sentado que puede ejercerla de oficio cuando lo considere conveniente para el mantenimiento de una coherencia en la interpretación del texto constitucional.

Por otra parte, la Sala ha establecido que la revisión constitucional si bien es una potestad extraordinaria, la misma no puede ser ejercida en forma ilimitada con la finalidad de destruir la cosa juzgada. Así, en la precitada sentencia N° 93 de fecha 06 de febrero de 2001, expresó que en el ordenamiento jurídico venezolano la inviolabilidad de la cosa juzgada en principio es inquebrantable, pues su protección es de rango constitucional; por tanto, la potestad de revisión de sentencias firmes debe ser de interpretación restringida ya que sólo en forma excepcional y por las causas específicamente establecidas en la ley o en el propio texto fundamental es posible revisar las decisiones que hayan adquirido el carácter de cosa juzgada[160].

Sin embargo, para Leoncio Cuenca la naturaleza jurídica de la revisión constitucional de las decisiones judiciales definitivamente firmes no puede limitarse a considerarla una potestad, sino que es un proceso de justicia constitucional que complementa los tradicionales procesos de la jurisdicción constitucional, que sirven como instrumento para lograr, -a instancia de parte o de oficio-, el fin público y objetivo de garantizar la uniformidad en la interpretación de las normas y principios constitucionales; así como la eficacia de la Constitución, especialmente los derechos constitucionales y la seguridad jurídica; aunque, incidentalmente, favorece el fin privado de las partes de la sentencia revisada.[161]

---

[160] http://www.tsj.gov.ve/decisiones/scon/Febrero/93-060201-00-1529%20.htm.

[161] L. Edilberto Cuenca E.: *Revisión de las Decisiones Judiciales como Mecanismo de Control de Constitucionalidad en Venezuela.* ... *op. cit.*, pp. 34-35.

a. *Sentencias objeto de revisión constitucional*

Las sentencias que pueden ser objeto de revisión constitucional son las contempladas en el Artículo 336.10 de la Constitución de la República Bolivariana de Venezuela, las que ha incluido la jurisprudencia de la Sala Constitucional y las previstas en el Artículo 25 ordinales 10°,11° y 12° de la Ley Orgánica del Tribunal Supremo de Justicia.

1.- Conforme con la Constitución: son dos las sentencias definitivamente firmes que pueden ser objeto de revisión constitucional, a saber: Las de amparo constitucional y las de control difuso de la constitucionalidad de leyes o normas jurídicas. De modo que, a pesar de que puedan darse violaciones de derechos fundamentales que se verifiquen en sentencias diferentes a las taxativamente indicadas en el numeral 10 del Artículo 336 constitucional, la Sala está constreñida, expresamente, a limitar el ejercicio de la potestad de revisión a los dos tipos de sentencias indicados en dicha norma, tal como ella misma lo estableció en la precitada sentencia N° 93 de fecha 06 de febrero de 2001.

Cabe destacar, que la Sala Constitucional ha declarado con lugar la revisión constitucional de sentencias definitivamente firmes de amparo, en casos en los que el juez constitucional se ha pronunciado sobre el fondo de la materia controvertida en la causa principal. Y lo ha hecho por considerar que ello desvirtúa el carácter extraordinario del amparo, tal como lo estableció en sentencias números: 2.524 de fecha 12-09-2003 y 2.362 de fecha 06-10-2004. Igualmente, ha considerado procedente la revisión constitucional, en razón de haberse empleado el amparo para sustituir las vías procesales ordinarias previstas en el ordenamiento jurídico, y así lo determinó en sentencias números: 2.797 de fecha 24-10-2003 y 1.043 de fecha 17-05-2006.

De igual forma, por lo que respecta a las sentencias definitivamente firmes en las cuales se ejerció el control difuso de constitucionalidad de leyes o normas jurídicas, la Sala se ha pronunciado con la anulación de las sentencias que ha considerado que lo han hecho no conforme con Derecho. Así, en sentencia N° 212 de fecha 02 de marzo de 2012, consideró indebida la desaplicación del Artículo 2 de la Resolución N° 2009-0006 de fecha 18 de marzo de 2009, emanada de la Sala Plena del Tribunal Supremo de Justicia, norma que regula la cuantía de acceso al recurso de apelación en las causas de desalojo que hayan sido tramitadas por el procedimiento breve.

2.- De acuerdo con el criterio sostenido por la jurisprudencia de la Sala Constitucional:

En la ya referida sentencia N° 93 de fecha 06 de febrero de 2001, la Sala estableció las decisiones definitivamente firmes que pueden ser objeto de revisión constitucional; incorpora, además, de las previstas en el Artículo 336.10 del texto fundamental, dos más a saber: las dictadas por las demás Salas del Tribunal Supremo o por los demás tribunales del país. Se aparta u obvia -expresa o tácitamente- alguna sentencia proferida por la Sala Constitucional con anterioridad al fallo impugnado. Con ello, realiza un errado control de la constitucionalidad al aplicar indebidamente la norma constitucional; también incluye, las que hayan incurrido, según el criterio de la Sala, en un error grotesco en cuanto a la interpretación de la constitución o que hayan obviado por completo la interpretación de la norma constitucional.

Posteriormente, la Sala Constitucional en decisión N° 325 de fecha 30 de marzo de 2005 extendió la facultad de revisión constitucional de las sentencias definitivamente firmes. Así consideró que pueden ser objeto de la misma no solo las que vulneren los principios jurídicos fundamentales, sino también los derechos constitucionales.

3.- Conforme con la Ley Orgánica del Tribunal Supremo de Justicia:

La Ley Orgánica del Tribunal Supremo de Justicia (2010), en sintonía con la jurisprudencia de la Sala Constitucional que ha venido ampliado sus competencias para el ejercicio de la revisión constitucional, estableció en el Artículo 25.10.11.12 las sentencias definitivamente firmes que pueden ser objeto de dicha potestad de revisión. Ellas son las proferidas por los Tribunales de la Republica cuando hayan desconocido algún precedente dictado por la Sala Constitucional; o que efectúen una indebida aplicación de una norma o principio constitucional; o que hayan producido un error grave en su interpretación, o, también, por falta de aplicación de algún principio o normas constitucionales.

Asimismo, las dictadas por las otras Salas que se subsuman en los supuestos antes señalados, así como la violación de principios jurídicos fundamentales contenidos en la constitución, pactos o convenios internacionales suscritos y ratificados válidamente por la Republica o que incurran en violaciones de derechos constitucionales; y las que hayan ejercido el control difuso de la constitucionalidad de las leyes u otras normas jurídicas dictadas por las demás Salas del Tribunal Supremo de Justicia y los demás tribunales del país[162].

Del contenido del referido Artículo 25 es evidente que el legislador, en el texto promulgado en la Gaceta Oficial N° 39.483, de fecha 09 de agosto de 2010, amplía considerablemente los supuestos de procedencia de la revisión constitucional de las sentencias definitivamente firmes, en relación con los que contemplaba el Artículo 5 de la derogada Ley Orgánica del Tribunal Supremo de Justicia del año 2004. Recoge así el criterio sostenido por la jurisprudencia de la Sala Constitucional en esta materia. Con ello, el objeto de esta potestad extraordinaria y discrecional ya no guarda vinculación con el plasmado por el constituyente de 1999 en el Artículo 336.10 relativo a las sentencias de amparo o donde se hubiese efectuado control difuso de la constitucionalidad.

Respecto a la inclusión como causal de revisión de todas las sentencias en las que se hubiese incurrido en un error grave de interpretación, Flavia Pesci-Feltri considera que el término utilizado da lugar, a que la Sala Constitucional interprete ampliamente qué se entiende por error grave en la interpretación y aplicación de la Constitución. Y que, además, someta a su consideración cualquier sentencia, con lo cual se desvía

---

162 Ley Orgánica del Tribunal Supremo de Justicia. Gaceta Oficial N° 39.483 de fecha 09 de agosto de 2010.

claramente de la finalidad que busca este instituto procesal, que no es otra que la uniformidad en la interpretación del texto constitucional[163].

Así las cosas, conforme con los supuestos de procedencia de la revisión constitucional previstos en la Ley Orgánica del Tribunal Supremo de Justicia, puede afirmarse que dicho mecanismo deja de ser de interpretación restrictiva como lo había venido señalando la jurisprudencia de la Sala Constitucional, y se transforma en uno de los mecanismos más amplios por el que es posible demoler la cosa juzgada.

Tal mecanismo es posible, pues al contemplar el legislador la opción de enervar los efectos de la cosa juzgada de una decisión firme proferida por los tribunales por error grave de interpretación de una norma o principio constitucional, se da un amplio poder discrecional a la Sala para apreciar los supuestos que pueden configurar el llamado error grave de interpretación; así como al incluir dentro de las sentencias que pueden ser objeto de revisión las dictadas por las otras Salas que resulten violatorias de derechos constitucionales, pareciera desviar la finalidad objetiva de la institución relativa a la uniformidad de interpretación de la constitución, para la tutela subjetiva de derechos perseguida por el amparo.

Por tanto, es indispensable el ejercicio mesurado de la revisión constitucional por parte de la Sala, pues si bien su desarrollo adecuado contribuiría a materializar el Estado de Derecho y de Justicia establecido en la Constitución al armonizar y equilibrar los valores de seguridad jurídica y justicia; también, con su manejo desmedido existe el riesgo de generar una crisis social, al desmontar la seguridad jurídica que garantiza la cosa juzgada; de ahí que, su perfeccionamiento como proceso de justicia constitucional dependerá de la idoneidad, autonomía e independencia del órgano al cual se le atribuyó dicha competencia en forma exclusiva.

---

[163] Flavia Pesci-Feltri: *La Revisión Constitucional de Sentencias Definitivamente Firmes*. Fundación Estudios de Derecho Administrativo, Caracas 2011, p. 49.

b. *Declaración del fraude procesal*

El fraude procesal ha sido definido exhaustivamente por Adolfo Gelsi Bidart en los términos siguientes:

...consiste en la actividad (uno o varios actos) de uno o más sujetos procesales (fraude uni o bilateral), tendiente a lograr (causal final mediata), a través de la actividad procesal normal (específicamente: mediante actividad válida salvo la causa final indicada) pero de manera insidiosa, maquinada y, por ende, indirecta, un daño ilícito que en definitiva se produzca, en perjuicio de un sujeto pasivo que normalmente será tercero al proceso, pero que puede ser la contraparte y generalmente también el juez, en tanto se haga cómplice involuntario del fraude[164].

Igualmente, Humberto Bello Tabares y Dorgi Jiménez Ramos, definen el fraude procesal señalando lo siguiente:

Para nosotros, el fraude procesal consiste en todas aquellas maquinaciones, asechanzas artificiosas, ingenio o habilidad, de carácter engañosas, que configuran una conducta procesal artera, voluntaria y consiente, que sorprenden la buena fe de uno de los sujetos procesales, inclusive del operador de justicia, realizados en el decurso de un proceso –fraude endoprocesal– o con ocasión a éste, que no solo tiende a desnaturalizar el curso normal del proceso –aplicación de la ley y solución de conflictos– que incluso pueden cercenar el ejercicio del derecho a la defensa de alguna de las partes, en beneficio de alguna de ellas o de un tercero, sino que también tiende a ocasionar un daño o perjuicio a alguna de ellas o a algún tercero dolo procesal.[165]

---

164 Adolfo Gelsi Bidart: "Noción de fraude procesal". *Revista de Derecho Procesal Iberoamericana*. N° 1. Instituto Iberoamericano de Derecho Procesal, Montevideo 1970, pp. 31-32.

165 Humberto E. Bello Tabares T. y Dorgi Jiménez Ramos: *El Fraude Procesal y la Conducta de las Partes como Prueba del Fraude*. Livrosca, C.A., Caracas 2003, p. 33.

De las anteriores definiciones, puede inferirse que el fraude procesal consiste en toda maniobra dolosa y artera realizada con ardid y engaño por una de las partes. Tal maniobra tiene como intención utilizar el proceso para obtener una sentencia o la homologación de un acuerdo procesal para perjudicar a la contraparte, con lo cual sorprende la buena fe del juez, salvo que éste se haga cómplice del mismo. También se puede configurar el fraude cuando ambas partes actúan en colusión desviando el fin del proceso para perjudicar a un tercero ajeno a la relación procesal.

La doctrina establecida por Sala Constitucional del Tribunal Supremo de Justicia, recogida en sentencia N° 2.212 de fecha 09 de noviembre de 2001, ha definido el fraude procesal como las maquinaciones y artificios realizados en el decurso del proceso, o por medio de éste, destinados a engañar o sorprender en la buena fe a uno de los sujetos procesales, que impide la eficaz administración de justicia en provecho propio o de un tercero y en perjuicio de parte o de tercero. Asimismo, ha señalado que las maquinaciones y artificios pueden ser realizados unilateralmente por un litigante, lo que configura el dolo procesal stricto sensu, o por el concierto de dos o más sujetos procesales que es cuando surge la colusión[166].

De la anterior definición desarrollada por la Sala Constitucional, se colige que la figura del dolo y del fraude procesal son consideradas iguales. Exige para su configuración que en el proceso o con ocasión del mismo se hayan producido maquinaciones o artificios con el fin de engañar o sorprender la buena fe de los sujetos procesales destinados a impedir la realización de la justicia; y a través de esas maquinaciones obtienen un beneficio propio o de un tercero y en perjuicio de una de las partes o de un tercero.

En tal sentido, Humberto E. T. Bello Tabares y Dorgi Jiménez Ramos exponen: se entiende por maquinaciones la asechanza artificiosa y oculta, dirigida regularmente a un

---

[166] http://www.tsj.gov.ve/decisiones/scon/Noviembre/2212-091101-0 0-0062.htm.

mal fin, y por artificios arte, primor, ingenio o habilidad, disimulo, cautela, dobles[167].

Sobre este punto, Carolina González Inthamoussu señala que debe entenderse por proceso fraudulento aquel de realización aparentemente lícita, pero seguido en colusión por las partes para conseguir un fin ilícito. Afirma que en tal virtud al haberse realizado todo el proceso o un tramo de él en fraude o con fraude a la ley, la cosa juzgada en cuanto fin del mismo, también va revestir tal carácter. En otras palabras, puntualiza que la cosa jugada será fraudulenta cuando el fraude procesal se ha cometido mediante dolo para obtener un resultado ilícito, a través de mecanismos fraudulentos empleados por una de las partes o por ambas, inclusive por el tribunal obtiene por vía oblicua resultados que directamente no podrían lograr.

Ahora bien, el fundamento jurídico de la declaratoria de fraude procesal o dolo procesal se encuentra en las siguientes normas de la Constitución de la República Bolivariana de Venezuela: Artículo 2. En él se contemplan, dentro de los valores superiores del ordenamiento jurídico: la justicia y la ética; también, se encuentra en los Artículos 26, 49 y 257, *ejsudem*, en razón a que el fraude resulta contrario a la garantía jurisdiccional a la tutela judicial efectiva, al debido proceso y a éste como instrumento fundamental para la realización de la justicia.

Igualmente, la referida acción encuentra sustento legal en el Código de Procedimiento Civil en los Artículos siguientes: Artículo 11, en el que se recoge el principio inquisitivo, conforme con el cual si se considera la moralidad y la ética de orden público, el juez está en el deber de evitar y sancionar de oficio o a instancia de parte no solo la falta de lealtad y probidad, sino el fraude procesal; el Artículo 12 es contentivo del principio de veracidad que impone a las partes el deber de expresar los hechos en función a la verdad y al juez el de tener como norte de sus actos la verdad; en el Artículo 14 se establece el principio del juez director del proceso que se conjuga con los dos anteriores; en el Artículo 17 y en el Artículo 170 se desarrollan los principios de lealtad y probidad procesal.

---

[167] H. E. Bello Tabares T. y D. Jiménez R.: *El Fraude Procesal y la Conducta de las Partes como Prueba del Fraude ...ob. cit.*, p. 20.

Sin embargo, aun cuando las referidas normas sirven para fundamentar la demanda de fraude procesal, es oportuno recordar que el Código de Procedimiento Civil no incorporó el fraude general del proceso como causal para demandar la invalidación, y que tampoco existe una norma que contemple de manera puntual una acción autónoma para ello; por tanto, ha sido la jurisprudencia quien ha venido delineando los supuestos en que procede e indica las vías que puede utilizar la parte o el tercero que resulte perjudicado por el mismo para denunciarlo.

Así, en sentencia N° 910 de fecha 04 de agosto de 2000, la Sala Constitucional del Tribunal Supremo de Justicia señaló que, a partir del vigente Código de Procedimiento Civil en forma genérica y no puntual, el dolo procesal y sus efectos aparece recogido tanto en el ordinal 1° del Artículo 170, como en el Artículo 17, con lo cual surge como categoría propia y expresión del mismo entendido en sentido amplio el fraude procesal. En tal sentido, al estar previsto como una declaración prohibitiva general se conecta con la tuición del orden público y con las buenas costumbres a cargo del juez y con el derecho a la tutela judicial efectiva. Por tanto, puede ser atacado con el fin de hacerle perder sus efectos, sin necesidad de acudir a especiales supuestos de hecho señalados en la ley para especificar situaciones, las cuales de todos modos siguen vigentes[168].

Obsérvese que la Sala Constitucional al establecer que para demandar el fraude no es indispensable que la situación, constitutiva del mismo, tenga que subsumirse en un supuesto especial previsto por el legislador. De manera indirecta deja aclarado que no puede circunscribirse solo al fraude en la citación del demandado, único supuesto previsto como causal para demandar la invalidación.

---

[168] http://www.tsj.gov.ve/decisiones/scon/Agosto/910-040800-00-1724.htm

a'. Vías para impugnar la sentencia fraudulenta o dolosa

La denuncia de fraude procesal puede interponerse mediante tres vías, a saber: en forma incidental de conformidad con lo dispuesto en el Artículo 607 del Código de Procedimiento Civil; por demanda autónoma de fraude que se tramitará por el juicio ordinario y a través del amparo constitucional; sin embargo, sólo las dos últimas pueden enervar los efectos de la cosa juzgada fraudulenta, puesto que la vía incidental se emplea para denunciar el fraude en un proceso no concluido por sentencia definitivamente firme.

Así, la Sala Constitucional del Tribunal Supremo de Justicia, ha establecido en reiterados fallos la forma como debe ser tramitada la acción de fraude procesal. En efecto, en la referida sentencia N° 910 de fecha 04 de agosto de 2000, dejó sentado que el juicio ordinario es la vía más idónea para ello cuando el fraude hubiese sido adelantado mediante varias causas. Argumenta que es necesario un amplio lapso probatorio como el que ofrece el procedimiento ordinario para que se demuestre el fraude, pues, aunque se hubiese minimizado el derecho a la defensa de la víctima, debido al cumplimiento de las formalidades procesales, no destaca como una violación inmediata de la constitución. Ello porque tales supuestos la apariencia que crea la colusión no pone en evidencia la violación de la constitución, y se hace necesario desmontar el andamiaje para que emerja la infracción constitucional.

Sin embargo, estableció que cuando se fingen procesos o *litis* inexistentes dentro de ellos, en estos casos, hay una apariencia parcial o total del proceso. Y es así, por cuanto se trata de actuaciones judiciales que violan el debido proceso, cuando la causa está en etapa de sentencia ejecutoriada sin que sea procedente la invalidación la única vía posible para enervar el masivo fraude y los efectos de la cosa juzgada es el amparo constitucional[169].

---

[169] http://www.tsj.gov.ve/decisiones/scon/Agosto/910-040800-00-1724. htm.

Derivado del criterio jurisprudencial de la Sala Constitucional puede inferirse lo siguiente:

- Cuando la sentencia fue obtenida en un proceso donde el fraude se encuentra oculto en las formas prefabricadas, que, si bien limitan el derecho a la defensa de una de las partes, la apariencia de conformidad a Derecho con que se producen requieren de prueba. La vía para denunciar el fraude es el juicio ordinario, mediante la interposición de una demanda autónoma que permita obtener una sentencia declarativa del fraude con la nulidad de la sentencia y la subsiguiente inexistencia del juicio en que se fraguó, con lo que se desmonta así la cosa juzgada fraudulenta.

- Cuando se trata de procesos fingidos, de *litis* inexistentes entre los sujetos involucrados protegidos por sentencias con el carácter de cosa juzgada, es posible enervar sus efectos a través del amparo constitucional.

El referido criterio ha sido reiterado por la Sala Constitucional en sentencia 2.749 de fecha 27 de diciembre de 2001, en la cual dejó sentado que el amparo constitucional no es la vía idónea para declarar judicialmente la existencia de fraude procesal, sino el juicio ordinario. De modo que la interposición del amparo con este propósito en principio resulta inadmisible, con la excepción de que en el expediente se aprecien elementos que demuestren inequívocamente la utilización del proceso con fines diversos a los que constituyen su naturaleza. Por tanto, sólo en tal supuesto podrá ser declarado el fraude procesal y en consecuencia la inexistencia del juicio[170]. Dicho criterio fue ratificado en sentencia N° 1.366 de fecha 27 de junio de 2005.

Así las cosas, en principio, la vía para obtener la declaratoria de fraude procesal es mediante la interposición de una demanda que se tramitará por el juicio ordinario. Ello, en razón de que en éste el proceso permite exponer los alegatos que demuestren los hechos configurativos del fraude, que, por

---

[170] http://www.tsj.gov.ve/decisiones/scon/Diciembre/2749-271201-00-1629htm

su apariencia de legalidad, muchas veces, resultaría difícil comprobar en un proceso caracterizado por la brevedad como es el amparo. No obstante, cuando del expediente puedan evidenciarse -en forma ostensible- elementos que demuestren que la sentencia con carácter de cosa juzgada fue el resultado de un proceso con apariencia parcial o total del mismo. Ello en virtud de haberse fingido una controversia inexistente entre los sujetos procesales, con la finalidad de procurar un beneficio para la otra parte o para un tercero; en este caso, el amparo será la vía adecuada para obtener la declaratoria del fraude.

Por tanto, cuando la sentencia pasada en autoridad de cosa juzgada ha sido producto de maquinaciones fraudulentas o dolosas, el ordenamiento jurídico venezolano permite la impugnación de la sentencia definitivamente firme, entendida como la decisión contra la cual resulta imposible interponer la cadena de recursos procesales. En tal sentido, la depuración que supone toda impugnación encuentra justificación, en razón de que el fraude y el abuso en tanto ilicitudes del proceso, lo vician enteramente, comprometiendo no solo el valor de justicia que toda decisión jurisdiccional debe aspirar a alcanzar, sino también la dignidad y la función misma de impartir justicia que resultan ciertamente denigradas por haber sido el escenario de semejantes manipulaciones[171].

En congruencia con lo antes expuesto, puede decirse que el fraude procesal debe ser regulado en forma puntual por el legislador e incorporarlo como un motivo para demandar la invalidación de la sentencia firme; igualmente, está previsto en España en la Ley de Enjuiciamiento Civil y en Colombia en el Código General del Proceso; se indica que su prevención y sanción en forma genérica puede resultar contraria al principio de expectativa plausible de los justiciables, ante la posibilidad que establece la jurisprudencia de poder demandarlo

---

[171] Carolina Giuffra: "Las Vías de Impugnación de la Cosa Juzgada Fraudulenta o Aparente". *XVIII Jornadas Iberoamericanas y XI Uruguayas de Derecho Procesal*. Fundación de Cultura Universitaria, Montevideo-Uruguay 2002, p. 446.

por dos vías diferentes la del juicio ordinario que opera en la mayoría de los casos y la del amparo constitucional, en forma excepcional en casos de extrema violación al debido proceso.

Sin embargo, lo antes expresado no es óbice para reconocer que ante la aludida falta especifica de regulación la doctrina desarrollada al respecto por la Sala Constitucional ha permitido enervar los efectos de la cosa juzgada fraudulenta, cuando la sentencia es producto de un proceso que con apariencia de legalidad formal ha desviado su finalidad mediante maquinaciones dirigidas a perjudicar a una de las partes o a un tercero. Esta situación no puede ser consentida, pues, de lo contrario, se haría ilusoria la tutela judicial efectiva de los justiciables al impedir la realización de la justicia que se erige como el fin del proceso conforme con la concepción constitucional del mismo enraizada en el Estado de Derecho y de Justicia.

3. *La Insuficiencia de prueba*

La relatividad de la cosa juzgada también se plantea en la doctrina bajo la óptica de la insuficiencia de prueba; aquí no se trata de la aparición de hechos que no constan en los autos del proceso como en la invalidación de la sentencia firme prevista en el Código de Procedimiento Civil, o en la revisión contemplada en la Ley de Enjuiciamiento Civil y el Código General del Proceso; se trata de que no ha existido conocimiento científico o técnico suficiente, ni los medios probatorios idóneos para transportar los hechos al juicio de forma que pudieran ser debatidos y resueltos por la sentencia[172].

Cabe destacar que la llamada insuficiencia de prueba tal como se explicó al revisar los efectos de la cosa juzgada en relación con los intereses colectivos y difusos, está regulada en el Artículo 33 del Código Modelo de Procesos Colectivos para Iberoamérica, al permitir el rechazo de la demanda por insuficiencia de prueba. Ahora bien, la cuestión que se debate gira

---

[172] Rodrigo Rivera Morales: "La Relatividad de la Cosa Juzgada...." *op. cit.*, p. 31.

en torno a la siguiente interrogante: ¿El criterio de insuficiencia de prueba puede llegar a ser utilizado en los procesos ordinarios? Es sabido que, de acuerdo con lo preceptuado en el Artículo 12 del Código de Procedimiento Civil, los jueces están obligados a decidir conforme con lo alegado y probado en autos.

El examen de tal posibilidad parte de la predicada concepción constitucional del Estado Social de Derecho y de Justicia que persigue la determinación de la verdad de los hechos, lo que supone necesariamente que la actividad probatoria se privilegie para hacerla transparente, idónea, responsable, igualitaria, accesible y dinámica[173].

La referida propuesta se ve reforzada con el pensamiento de los autores modernos como Michele Taruffo para quien la justicia de la decisión no depende exclusivamente del hecho de que constituya el resultado de un proceso que se hubiese desarrollado en forma correcta; es decir, con respeto de todas las garantías relativas a la independencia e imparcialidad del juez y los derechos de la partes, ni en la interpretación correcta de la norma en que se funde la decisión, pues, si bien estas condiciones son necesarias no son suficientes para determinar lo que denomina la justicia de la decisión.

Ello se debe a que ninguna sentencia puede considerarse justa si se basa en una reconstrucción errada o no verdadera de los hechos que constituyen el objeto del proceso; por tanto, la verdad de la decisión sobre los hechos constituye una condición necesaria de la justicia de la decisión misma, lo que conduce a calificar como fundamental el valor de la verdad en el contexto del proceso[174].

Dentro de esta corriente se inscribe Juan Montero Aroca cuando distingue entre hecho nuevo y de hecho de nuevo conocimiento, señalando que:

---

173   R. Rivera M.: "La Relatividad de la Cosa Juzgada...." *op. cit.*, p. 32.

174   M. Taruffo.: *Páginas sobre Justicia Civil*. Colección Proceso y Derecho.... *op. cit.*, p. 419-420.

cuando se trata de hechos nuevos se está ante una causa objetiva consistente en la nueva ocurrencia de un hecho, pero cuando se trata de hechos de nuevo conocimiento la excepción a la preclusión de la alegación y prueba del hecho es subjetiva el desconocimiento"[175].

Sin embargo, la introducción del criterio de insuficiencia de prueba en el proceso ordinario no resulta aplicable en todos los temas controvertidos, porque está vinculado al conocimiento social y científico sobre el asunto debatido y a la delimitación de los hechos objeto del juicio de insuficiencia probatoria. Se debe tener claro que estos hechos pertenecen al debate y son los discutidos en el juicio, pero también es evidente que se hace necesario delimitar los hechos que resulten inconclusamente probados, así como las causas de dicha insuficiencia[176]. Un ejemplo que sirve para ilustrar la aplicación de dicho criterio en el proceso ordinario, es el de la prueba de ADN para establecer la filiación, si pensamos en la época en que no era posible la práctica de la misma, por carecer del conocimiento científico para ello, cuántas personas no pudieron demostrar su verdadera filiación por no contar en ese momento con ésta prueba científica.

Asimismo, en la actualidad el criterio de insuficiencia de prueba sería de gran beneficio para la determinación de la verdad de los hechos en los procesos relativos a las demandas por daños y perjuicios provenientes sobre todo de productos adquiridos por la vía del mercado virtual. En esta modalidad se hace indispensable establecer la relación de causalidad para determinar la responsabilidad del agente del daño; esto, muchas veces resulta dificultoso para el juzgador, en razón de la forma cómo se produce el contacto entre el producto de consumo y el consumidor, puesto que, en la mayoría de las situaciones, no es directo, por lo que se requiere el conocimiento técnico necesario para precisar la relación causa efecto.

---

[175] Juan Montero Aroca: *La Prueba en el Proceso Civil*, 4° edición. Thomsom-Civitas, Navarra-España, 2005, p. 211.

[176] R. Rivera M.: "La insuficiencia de Prueba como criterio sustancia..." *op. cit.*, p. 381.

Cabe destacar que el referido concepto de insuficiencia de prueba no resulta del todo extraño al derecho procesal venezolano, por cuanto al mismo se hace referencia en el Artículo 601 procesal, en cuanto a las pruebas producidas para solicitar el decreto de las medidas preventivas que, en caso de resultar insuficientes, se faculta expresamente al juez para ordenar ampliar las mismas, determinando el punto que considere insuficiente.

Asimismo, el Artículo 71 de la Ley Orgánica Procesal del Trabajo lo contempla al facultar al juez para ordenar la evacuación de los medios de prueba que considere convenientes, cuando los ofrecidos por las partes sean insuficientes para formar convicción. De igual forma, ha sido tratado en España en la Ley de Enjuiciamiento Civil en el Artículo 429.1, en la que también se le otorga al tribunal la facultad de mandar a evacuar las pruebas que considere convenientes cuando las promovidas por las partes resulten insuficientes.

Así las cosas, es evidente que la insuficiencia de pruebas sólo es prevista por el legislador patrio para la admisión de pruebas tanto en el proceso civil en materia de medidas preventivas, como en el proceso laboral como una facultad del juez para alertar a las partes; así también, en el ordenamiento jurídico español, no se prevé que al momento de proferir el fallo se desestime la pretensión por insuficiencia de prueba; ello, pudiera llegar a contemplarse en atención a la complejidad social y a las nuevas demandas sociales en la sentencia, por lo que el juez debe, en este tipo de decisiones, indicar, expresamente y en forma motivada, que el rechazo de la pretensión es debido a la insuficiencia de pruebas por falta de conocimiento social. Éste se entiende como el nivel científico, técnico y tecnológico alcanzado por la sociedad en un momento determinado[177].

En virtud de lo expuesto, la inclusión en una reforma procesal civil del criterio de insuficiencia de prueba en la sen-

---

[177] R. Rivera M.: "La insuficiencia de Prueba como criterio sustancia..." *op. cit.*, p. 374.

tencia contribuiría a la realización de la tutela judicial efectiva. Ello permitiría al justiciable la proposición nuevamente de la demanda, cuando aparezca una nueva prueba no disponible para la época del juicio que resulte determinante para cambiar lo resuelto en el proceso. También que la ciencia haya avanzado para permitir la determinación de la verdad de los hechos que hubiesen sido debatidos en el proceso, pero que no pudieron ser demostrados; ello debe ir acompañado de la incorporación del referido criterio de insuficiencia prueba como una causal para intentar en forma previa la demanda de invalidación contra las sentencias definitivamente firmes.

4. *Los efectos de la cosa juzgada en los procesos constitucionales*

La incorporación de este acápite dentro de este capítulo obedece a las particularidades que presenta la aplicación de la cosa juzgada en los proceso constitucionales, de las cuales sólo algunas son subsumibles en los moldes clásicos de dicho instituto[178]; y otras se tornan flexibles con el objeto de adaptarse a la dinámica que le imprime la propia materia constitucional, debido a diferentes razones que a continuación se ponen de relieve.

En primer lugar, los fines propios de la jurisdicción constitucional, y en especial del control de la constitucionalidad de las leyes, pues el objetivo del mismo es preservar la supremacía de la constitución, antes que cerrar o resolver en forma definitiva un conflicto intersubjetivo; ello sin olvidar que el justiciable tiene derecho a la supremacía constitucional y a la salvaguarda de los derechos que ella consagra[179].

Sobre este aspecto, Jesús María Casal sostiene que aun en el ámbito de control difuso de la constitucionalidad en los sistemas difusos o mixtos de jurisdicción constitucional, en los

---

[178] Jesús María Casal H. *Constitución y Justicia Constitucional*. Universidad Católica Andrés Bello, Caracas 2004, p. 254.

[179] Rodrigo Rivera Morales: "Las Sentencias Constitucionales". *Revista Iberoamérica de Derecho Constitucional*, Instituto Iberoamericano de Derecho Procesal, Montevideo 2006, p. 81.

que la determinación de la constitucionalidad de una norma legal se produce a partir de un litigio concreto como paso previo para su resolución, el control de la constitucionalidad conserva su autonomía de fin frente al que es inherente al proceso en que la sentencia es dictada. Igualmente, aduce que en el control de la constitucionalidad las exigencias de la seguridad jurídica ostentan una intensidad menor a la que es característica en los procesos ordinarios, pues prevalece el interés en salvaguardar la constitución con todo lo que ello implica[180].

Rodrigo Rivera Morales, si bien comparte la tesis anotada de Jesús María Casal sobre la prevalencia del fin de la jurisdicción constitucional sobre el objeto del proceso en el cual se dicta la decisión, no obstante, discrepa en cuanto a la atenuación de la seguridad jurídica en los procesos constitucionales; argumenta que es precisamente a partir del orden constitucional en su respeto y aplicación que se elabora el concepto de seguridad jurídica el cual informa todo el ordenamiento jurídico[181]. Es una posición que comparte la autora de esta obra, pues la seguridad jurídica en los asuntos de jurisdicción constitucional debe armonizarse con la supremacía constitucional, lo cual resulta particularmente importante sobre todo en las sentencias de amparo constitucional que resuelven un conflicto intersubjetivo cuando se trata de vías de hecho suscitadas por un particular.

En segundo lugar, la peculiaridad de la cosa juzgada en materia constitucional se explica, a partir de la premisa de que la constitución es un orden abierto de reglas y principios, un marco de posibilidades, un cauce por el cual discurre el proceso político democrático, que pretende encauzarlo en forma duradera a pesar del carácter cambiante de la realidad subyacente y de las demandas sociales. Entonces, es evidente que las sentencias dictadas en los procesos constitucionales no pueden poseer una rigidez ni producir un efecto que conspire contra la adaptabilidad y dinamismo de la

---

180 J. María Casal H.: *Constitución y Justicia Constitucional...op. cit.*, p. 254.
181 R. Rivera M.: "Las Sentencias Constitucionales" *...op. cit.*, p. 82.

constitución, pues debe existir un derecho vivo capaz de responder a la realidad social imperante[182].

Con fundamento en las razones antes señaladas la cosa juzgada constitucional puede considerarse relativa, pues ofrece matices que la distingue de la que rige en el proceso civil, los cuales se señalan a continuación:

En cuanto a la cosa juzgada formal que implica la inimpugnabilidad de la sentencia por la ausencia o preclusión de los recursos para intentar modificar la decisión ya adoptada, resulta aplicable en los procesos constitucionales, en razón de que el Tribunal o Corte Constitucional que profiere la sentencia no tiene un superior jerárquico, por lo que no es dable la interposición de recursos contra lo decidido; además, en los casos de control difuso el agotamiento o falta de interposición de los recursos produce el mismo efecto[183].

Respecto de la cosa juzgada material la situación es distinta al punto que la doctrina ha señalado que la misma no es bien recibida en el materia constitucional, toda vez que vincular al juez constitucional a sus propias sentencias impediría ajustar la constitución a los cambios sociales y políticos que es justamente el papel de la Corte o Tribunal Constitucional en la sociedad actual[184].

Lo antes expuesto, no se ha de asumir como un impedimento para admitir la vinculación del juez constitucional a las sentencias estimatorias que declaran la inconstitucionalidad de una norma o de una ley debido a su efecto de invalidez sobre el ordenamiento jurídico. No obstante, respecto a las sentencias que desestiman las pretensiones de la demanda o

---

[182] J. María Casal H.: *Constitución y Justicia Constitucional…op. cit.*, p. 255.

[183] Germán Lozano Villegas: *El valor normativo de las sentencias de la Corte Constitucional con ocasión del control abstracto y su incidencia en el sistema de fuentes del derecho: el caso colombiano.* Universidad del Externado, Colombia 2000, p. 39.

[184] Xabier Pibernat Domenech: "La sentencia constitucional como fuente de derecho", *Revista de Derecho Político*, N° 24, ISSN 0210-7562, Madrid 1987, p. 62.

declaran la constitucionalidad de una norma, si pudiera llegar a plantearse nuevamente la controversia, en razón de que dicha norma podría devenir en inconstitucional, frente a una nueva dinámica constitucional de forma tal que al quebrantar la supremacía e integridad del texto fundamental deba ser declarada ilegitima[185].

En los sistemas de control concentrados de la constitucionalidad, como el español, instituidos sobre la base del modelo austriaco, los procesos de control de constitucionalidad de las leyes son dos: el recurso o acción directa de inconstitucionalidad, mediante la cual puede impugnarse ante el Tribunal constitucional la ley contraria a la constitución; y la cuestión de inconstitucionalidad en virtud de la cual cuando los jueces en la resolución de un caso concreto tengan dudas sobre la posible inconstitucionalidad de una norma aplicable a dicho caso deben elevar la duda a la consideración del Tribunal Constitucional[186]. La referida acción directa de inconstitucionalidad existe también en sistemas mixtos o integrales de jurisdicción constitucional, como el venezolano[187].

La doctrina procesal constitucional ha puesto énfasis en la inconveniencia de admitir la cosa juzgada material en los aludidos procesos constitucionales con la misma rigurosidad que en el proceso civil; ello impediría replantear posteriormente el asunto decidido, en cuanto a la constitucionalidad o inconstitucionalidad del precepto impugnado, lo que se ve reforzado con el carácter objetivo de los referidos procesos de control normativo que determinan la pérdida de relevancia de los limites subjetivos de la cosa juzgada[188].

---

[185] G. Lozano V.: *El valor normativo de las sentencias de la Corte Constitucional con ocasión del control abstracto y su incidencia en el sistema de fuentes del derecho: el caso colombiano…ob. cit.*, 40.

[186] R. Rivera M.: "Las Sentencias Constitucionales…" *op. cit.*, p. 84.

[187] J. María Casal H.: Constitución y Justicia Constitucional…*op. cit.*, p. 256.

[188] J. María Casal H.: *Constitución y Justicia Constitucional…op. cit.*, p. 256.

De aceptarse la doctrina tradicional de la cosa juzgada en dichos procesos, la ley declarada constitucional lo sería de manera definitiva, sin perjuicio de su eventual contradicción con normas constitucionales que se introduzcan con posterioridad conforme con los procedimientos de revisión de la constitución. Tal acción resultaría contrario a la teoría constitucional; además, de que petrificaría el orden jurídico. Igualmente, la declaración de inconstitucionalidad de una ley determinaría, no solo su anulación, sino, además, se convertiría en una prohibición permanente para el legislador en el futuro, que no podría reeditar la ley censurada, en razón de la cosa juzgada material ya recaída[189].

Así las cosas, la especialidad de la jurisdicción constitucional y las funciones que la constitución debe cumplir en la sociedad como pacto jurídico político, no admiten la parálisis de la interpretación constitucional y de los márgenes de actuación del legislador; por ello, en los supuestos de inconstitucionalidad de las leyes la doctrina no acepta la cosa juzgada material, la cual tampoco es admitida para los eventos en los cuales se declara la constitucionalidad de determinada norma con fuerza legal.

En todo caso, cuando se presenta un nuevo planteamiento en el cual se pretendan hacer valer los mismos argumentos ya revisados en la anterior declaración de constitucionalidad, el juez podrá plantear la cosa juzgada; sin embargo, si se alega la inconstitucionalidad sobre otro punto no visto, el Tribunal o Corte deberá pronunciarse como si fuese la primera demanda[190].

Bajo esta visión la doctrina constitucional sostiene que la posibilidad de replantear judicialmente problemas relativos a la compatibilidad de la constitución de normas legales sea examinada desde la óptica de los efectos vinculantes de las

---

[189] R. Rivera M.: "Las Sentencias Constitucionales…" *op. cit.*, p. 85.

[190] Humberto Sierra Porto: *Sentencias de inconstitucionalidad.* Instituto de Estudios Constitucionales Carlos Restrepo Piedrahita, Universidad Externado de Colombia, Bogotá 1995, p. 34-35.

sentencias constitucionales antes que bajo la categoría de la cosa juzgada[191].

Sobre este punto, Jesús María Casal argumenta que es conveniente analizar los alcances de los fallos constitucionales para apreciar la flexibilidad en cuanto a los efectos de las sentencias comenzando por las decisiones estimatorias de la inconstitucionalidad de una norma legal. En efecto, suele considerarse que lo resuelto por una sentencia declaratoria de la inconstitucionalidad de una ley no se extiende a disposiciones semejantes contenidas en otros instrumentos legales, lo cual se compagina con los límites objetivos propios de la cosa juzgada. No obstante, puntualiza Jesús María Casal que los problemas surgen al precisar la incidencia de estas sentencias sobre la actuación futura del legislador, en lo concerniente a la posible reiteración de la norma censurada por inconstitucional[192].

En este sentido, no existe en la doctrina una solución unánime. Francisco Rubio Llorente y Javier Jiménez Campo sostienen que ello constituiría un ilícito constitucional[193]; otros consideran que la sentencia declaratoria de la inconstitucionalidad de una ley no impide al legislador sancionar otra ley de igual contenido, siempre que no pretenda abarcar las situaciones comprendidas por la previa decisión anulatoria; es decir, que sus efectos sean hacia el futuro. Al respecto, la doctrina Italiana sostiene que la ley reproductiva de la anterior nacería bajo la amenaza de ser declarada inconstitucional por adolecer de los mismos vicios que su predecesora, y el máximo órgano de la jurisdicción constitucional o los jueces competentes para el eventual planteamiento de la cuestión de inconstitucionalidad podrían estar relativamente vinculados por el precedente, pero no operaría la cosa juzgada material[194].

---

191   R. Rivera M.: "Las Sentencias Constitucionales" ... *op. cit.*, p. 85.

192   J. María Casal H.: *Constitución y Justicia Constitucional...op. cit.*, p. 257.

193   Francisco Rubio Llorente y Javier Jiménez Campo: *Estudios sobre jurisdicción constitucional.* Centro de Estudios Constitucionales, Madrid 1997, p. 76.

194   Gustavo Zagrebelsky: *La justicia constitucional. Salamanca.* Universidad de Salamanca. Salamanca, 2003, p. 184.

La inexistencia de una prohibición de reiteración de la norma declarada inconstitucional encuentra justificación en la necesidad de evitar una parálisis en la evolución jurídica y a la libertad de configuración normativa del legislador. La doctrina ha considerado que si una sentencia produce cosa juzgada con efectos *erga omnes*; ésta se circunscribe exclusivamente a la materia decidida; es decir, a la constitucionalidad de la norma cuestionada, sin que pueda hacerse extensiva a otras normas, aun cuando versen sobre la misma materia y exista similitud entre sus respectivos ordenamientos[195].

Dentro de perspectiva, la reproducción de la ley declarada inconstitucional se considera en principio ilícita, en virtud del desacato a un pronunciamiento del órgano supremo de la justicia constitucional. Sin embargo, la reedición de la ley puede considerarse aceptable cuando se modifican las circunstancias imperantes en el contexto normativo o en las concepciones jurídicas predominantes.

Así las cosas, las decisiones proferidas por el Tribunal o Corte Constitucional, si bien deben merecer respeto y atención por los tribunales en especial por el Tribunal Supremo, al pronunciarse en asuntos análogos, no obstante, no lo obligan, pues ni siquiera la jurisprudencia sentada en asuntos decididos anteriormente resulta obligatoria cuando encuentre suficientes razones para modificar su criterio. De igual forma, es posible que la rectificación de la jurisprudencia establecida con anterioridad opere debido al cambio de composición del tribunal competente, además de que el legislador puede provocar la revisión del criterio sustentado por la jurisdicción constitucional correspondiéndole a éste la última palabra[196].

La realidad señalada permite afirmar que efectivamente las sentencias que se dictan en los procesos constitucionales de acción directa de inconstitucionalidad de la ley, producen cosa juzgada formal en razón de que dichos fallos al ser profe-

195   R. Rivera M.: "Las Sentencias Constitucionales" ...*op. cit.*, p. 87.
196   José M. La Fuente Balle: *La judicialización de la interpretación constitucional.* Editorial COLEX, Madrid 2000, p. 77.

ridos por el máximo tribunal de la jurisdicción constitucional son inimpugnables. No obstante, tales decisiones no generan los efectos de cosa juzgada material con la misma fuerza que en el proceso civil, ya que la sentencia firme no impide al Tribunal o Corte Constitucional conocer nuevamente de una acción de inconstitucionalidad que hubiese sido previamente desestimada cuando se ha producido una variación de las ideas y principios que inspiran el ordenamiento jurídico, lo cual es consustancial con la dinámica que le imprime la finalidad de la jurisdicción constitucional.

Además, tal como se señaló, el Poder Legislativo en ejercicio de su función puede reproducir la ley previamente declarada inconstitucional, pues no queda atado por la sentencia proferida por el tribunal constitucional aun cuando este último con fundamento en la declaratoria contenida en la sentencia declare nuevamente la nulidad de la ley reeditada.

Éste ha sido el criterio sostenido por la Sala Constitucional del Tribunal Supremo de Justicia vertido en la sentencia N° 181 de fecha 16 de febrero de 2006, en la cual expresó que la aprobación de nuevas leyes que dupliquen lo anulado por inconstitucional mediante sentencia firme, no puede menoscabar la cosa juzgada. Así las cosas, la Sala Constitucional está facultada para anular de oficio cualquier ley que contradiga la cosa juzgada limitándose, sin necesidad de citar a nadie, a cotejar lo declarado en la sentencia con las nuevas disposiciones que reproducen las anuladas, una vez que por cualquier vía constate la existencia del desacato de la nulidad declarada[197].

Ahora bien, respecto al control difuso de la constitucionalidad, las sentencias definitivamente firmes, que se dicten en las causas, en razón de la incompatibilidad de alguna ley con la constitución, adquieren la autoridad de cosa juzgada formal o material, o ambas; ello depende de la naturaleza del proceso y de la pretensión aducida, pues un pronunciamiento del Tribunal constitucional favorable a la inconstitucionalidad

---

[197] http://www.tsj.gov.ve/decisiones/scon/Febrero/181-160206-01-041 59htm

de la ley no acarrea la nulidad de la sentencia. De ahí que sólo podrá tener alcance general conforme con el modelo norteamericano de control difuso de la constitucionalidad, con arreglo al principio de *stare decisis*[198] o en virtud de la posición institucional del órgano que lo dicta[199].

En tales procedimientos, cuando el planteamiento de la invalidez de la norma legal es desestimado, una eventual declaración posterior de su inconstitucionalidad y nulidad, emitida por el tribunal u órgano judicial encargado del control concentrado de la constitucionalidad, puede afectar lo resuelto en aquellas causas, de acuerdo con el régimen establecido en relación con los efectos temporales de las sentencias de inconstitucionalidad. Al respecto, cabe destacar que en el ordenamiento jurídico patrio se le otorga a la Sala Constitucional del Tribunal Supremo de Justicia la facultad para revisar la sentencias en que los jueces hayan ejercido el control difuso de la constitucionalidad. Le compete, entonces, declarar la constitucionalidad o inconstitucionalidad de la norma objetada, lo cual constituye uno de los mecanismos que permite enervar los efectos de la cosa juzgada.

En cuanto a la acción de amparo constitucional, la sentencia que se profiere en tales procesos sí despliega los efectos de la cosa juzgada en sus dos vertientes formal y material, dado que este tipo de procesos engendran, generalmente, un conflicto intersubjetivo de intereses, lo que exige que la decisión que se dicte garantice a los justiciables la seguridad jurídica que brinda la cosa juzgada en relación con la materia controvertida resuelta.

Sobre el amparo es preciso puntualizar que, en los sistemas, en los que funciona como un recurso contra sentencias que se interpone ante el Tribunal Constitucional, luego de los recursos judiciales previos, la sentencia de mérito proferida en el amparo tiene efectos definitivos. Bien sea para desestimar la violación de los derechos constitucionales alegada y confirma

---

[198] Traducción: Mantenerse con las cosas decididas.

[199] J. María Casal H.: *Constitución y Justicia Constitucional...op. cit.*, p. 260.

lo decidido en las instancias ordinarias, bien para anular lo resuelto en las instancias, por estimar la violación constitucional denunciada. Sin embargo, la interpretación constitucional que haya servido de sustento al Tribunal Constitucional para proferir la decisión puede ser modificada en el futuro, en virtud del cambio de las ideas jurídicas y las sociales que prevalezcan en el momento[200].

Sobre este punto Néstor Sagues señala que en los sistemas en que el amparo constitucional se concibe como una acción sumaria, de breve conocimiento y contradictorio limitado, por lo general sólo se confiere a las sentencias que se dicten el efecto de cosa juzgada formal, en razón de que es factible debatir nuevamente sobre el conflicto intersubjetivo subyacente a través de otras vías ordinarias e inclusive mediante la interposición de otro amparo, siempre que haya operado un cambio en las circunstancias. En este sentido, es preciso advertir que el efecto de la cosa juzgada material se produce plenamente cuando se propone una nueva acción de amparo entre las mismas partes y en relación con hechos idénticos y se invoca igual derecho y pretensión[201].

Cabe destacar que, en el ordenamiento jurídico venezolano, las sentencias de amparo, al igual que en el ordenamiento colombiano, las tutelas dictadas por los tribunales, están sometidas a la potestad extraordinaria de revisión por la Sala Constitucional del Tribunal Supremo de Justicia o la Corte Constitucional, respectivamente; por tanto, la cosa juzgada de las sentencias proferidas en materia de amparo puede verse enervada con dicho mecanismo de revisión.

Otro aspecto relevante es el de la repercusión de las sentencias constitucionales especialmente las proferidas en los procesos de control normativo sobre decisiones dictadas por tribunales de los distintos órdenes jurisdiccionales que hayan alcanzado la fuerza de la cosa juzgada ante la posibilidad de

---

[200] J. María Casal H.: *Constitución y Justicia Constitucional...op.cit.*, p. 261.

[201] Néstor P. Sagues: *La interpretación Judicial de la Constitución.* Depalma, Buenos Aires 1998, p. 233.

que éstas sean afectadas por la declaratoria de inconstitucionalidad de la ley que fue aplicada en el caso concreto. Sobre este aspecto es preciso señalar que cuando la decisión del Tribunal o Sala Constitucional, en el caso venezolano, declara la nulidad total o parcial de una ley por inconstitucional, tiene efectos *erga omnes*, con carácter de cosa juzgada[202].

Al respecto, es preciso puntualizar ¿cuándo comienza a surtir efectos la sentencia declaratoria de nulidad de una ley por inconstitucionalidad?, ¿a partir de su publicación?, y ¿sus efectos son retroactivos? Sobre este punto, en el ordenamiento jurídico venezolano, se aprecia que la derogada Ley Orgánica de la Corte Suprema de Justicia no resolvió tal situación. Por el contrario, se limitó a establecer en los Artículos 119 y 131 que la Corte debía determinar en el fallo definitivo "los efectos de su decisión en el tiempo"[203]. Una disposición que fue suprimida tanto en la Ley Orgánica del Tribunal Supremo de Justicia publicada en la Gaceta Oficial N° 37.942 de 19 de mayo de 2004, como en la vigente que fue publicada en Gaceta Oficial N° 39.483 de 9 de agosto de 2010. En ella en el Artículo 32 se estableció que los efectos de las sentencias, que dicte la Sala Constitucional del Tribunal Supremo de Justicia, en ejercicio del control concentrado de la constitucionalidad de la ley, serán de aplicación general y se publicará en la Gaceta Oficial de la República Bolivariana de Venezuela y en la Gaceta Oficial del estado o municipio según corresponda[204].

Debe advertirse que para precisar los efectos de las sentencias que anulan una ley por inconstitucional debe tenerse en cuenta que en el ordenamiento jurídico patrio existe un sistema mixto de control de la constitucionalidad. Ello supone el funcionamiento de dos sistemas de justicia constitucional

---

[202] Allan R. Brewer–Carías: *El control concentrado de la constitucionalidad de las leyes.* Editorial Jurídica Venezolana/Universidad Católica del Táchira, Caracas 1994, p. 59.

[203] Ley Orgánica de la Corte Suprema de Justicia: Gaceta Oficial N° 1.893 Extraordinario de 30 de julio de 1976.

[204] Ley Orgánica del Tribunal Supremo de Justicia. Gaceta Oficial N° 39.483 de 9 de agosto de 2010.

en paralelo; por una parte, el control difuso ejercido por todos los jueces de la República y el ya referido control concentrado ejercido por la Sala Constitucional del Tribunal Supremo de Justicia.

Por lo que respecta al control difuso de la constitucionalidad, resulta claro que la decisión judicial de no aplicar una ley por considerarla inconstitucional, tiene únicamente efectos inter partes y equivale a una decisión simplemente declarativa, con efectos retroactivos, *pro praeterito o ex tunc*, pues el juez al ejercer dicho control difuso no anula la ley, sino que declara o constata únicamente una inconstitucionalidad preexistente, de forma que ignora la existencia de la ley; es decir, que la considera inexistente y no la aplica en el caso concreto que corresponde a su conocimiento[205].

En cuanto al control concentrado de la constitucionalidad de las leyes, atribuido a la Sala Constitucional, la sentencia que anula la ley tiene efectos constitutivos; por tanto, los efectos de la anulación de la ley por inconstitucional al no existir una norma expresa constitucional o legal que disponga la solución, sólo puede producirse erga omnes pero hacia el futuro; es decir, que las sentencias son en principio constitutivas pro futuro y con efectos *ex nunc*, que no pueden referirse al pasado, por lo que no son retroactivas[206].

Sin embargo, la regla general de no retroactividad de los efectos de la sentencia, tiene una salvedad en el control concentrado, pues conforme con la jurisprudencia de la Sala Constitucional, ella está facultada para determinar en la sentencia los efectos de la decisión en el tiempo, lo que le permite corregir los efectos desfavorables que podría engendrar el efecto *ex nunc* de sus decisiones, particularmente en el campo de los derechos y garantías constitucionales. En tal caso, pue-

---

[205]   A. R. Brewer-Carías: *El control concentrado de la constitucionalidad de las leyes. ...op. cit.*, p. 60.

[206]   José Guillermo Andueza Acuña: *La Jurisdicción constitucional en el Derecho Venezolano*. Universidad Central de Venezuela, Caracas 1974, p. 94.

de atribuir en sus sentencias los efectos retroactivos del fallo, *pro praeterito* o *ex tunc*[207]; tal seria el supuesto de que la sentencia, proferida por la Sala Constitucional, anule la norma que hubiese servido de fundamento para la condena en una causa sentenciada en la jurisdicción penal mediante sentencia definitivamente firme. En tal caso, la sentencia declaratoria de la inconstitucionalidad quebraría los efectos de la cosa juzgada.

---

[207] http://www.tsj.gov.ve/decisiones/scon/Febrero/181-160206-01-041 59htm.

CAPÍTULO IV

NATURALEZA JURÍDICA DE LA SENTENCIA CONTENTIVA DE LA CONDENATORIA EN COSTAS, COMO EFECTO ECONÓMICO DEL PROCESO CIVIL

El proceso no solo produce, como efecto jurídico, la cosa juzgada, sino que también genera un efecto económico: las denominadas costas procesales. Su imposición a la parte vencida en la sentencia es una consecuencia inmediata del desgaste patrimonial que supone el tránsito que cumple quien accede a la jurisdicción para obtener el reconocimiento del derecho que alega hasta hacerlo efectivo. Tal condena se debe a que hay un dinero que debe invertir en el proceso, lo cual también se traspola al demandado, pues se ha tenido que desembolsar una cantidad dineraria importante para sufragar su defensa, con el propósito de salir airoso en el litigio.

Así las cosas, el fundamento de la condena en costas se encuentra en que la actuación concreta de la ley materializada en la sentencia no debe significar una disminución patrimonial para la parte a favor de la que se realiza; por ello, con la finalidad de preservar la integridad patrimonial del vencedor en el juicio, el Derecho Procesal Civil ha desarrollado la institución de la condena en costas, cuya imposición judicial a la parte perdidosa genera la obligación de resarcir a la parte que resulta gananciosa, por los gastos hechos en el proceso.

1. Costas procesales

Las costas procesales han sido definidas por la doctrina y jurisprudencia nacional, lo que ha permitido establecer una delimitación de su contenido. Así, Humberto Cuenca señala que constituyen el resarcimiento que el vencido totalmente en la controversia debe pagar al vencedor cuando actúa temerariamente. Puntualiza que equivalen a los gastos del juicio y que en ellas quedan comprendidos la indemnización de cuatro cantidades: (a) los honorarios devengados por los abogados de las partes; (b) los emolumentos judiciales conforme con la Ley de Arancel Judicial; (c) los gastos extrajudiciales ocasionados por el juicio, y (d) el timbre fiscal que es el papel inutilizado en el expediente contentivo del pleito[208].

No obstante, lo expuesto en la anterior definición, debe aclararse que los gastos extrajudiciales tal como lo asienta el resto de la doctrina y la jurisprudencia no forman parte de las costas procesales, pues las mismas se contraen exclusivamente a los gastos que se originan dentro del proceso y cuyas actuaciones quedan recogidas en las actas procesales. Igualmente, debe advertirse que la obligación de emplear papel sellado y timbres fiscales en los procedimientos jurisdiccionales, desapareció a partir de la incorporación del principio de la gratuidad de la justicia en el Artículo 26 del texto fundamental de 1999, por lo que dicho concepto también está excluido de las costas procesales.

En efecto, Freddy Zambrano manifiesta que el concepto de costas es restringido y limitado a los gastos del proceso, necesarios para que llegue a su fin y no incluye los daños que la *litis* haya podido causar a quien resulte vencedor en el pleito. Del mismo, aduce que la condena en costas es el resarcimiento de los gastos realizados por el vencedor para obtener el reconocimiento de su derecho. Necesario indicar que quedan excluidos los gastos extrajudiciales; esto es, los gastos ocasionados por el juicio, pero cuya demostración no emerge directamente de las actas procesales[209].

---

[208] Humberto Cuenca: *Derecho Procesal Civil,* Tomo I. Universidad Central de Venezuela Ediciones de la Biblioteca, Caracas 2005, p. 400.

[209] Freddy Zambrano: *Condena en Costas Procedimiento de Cobro Judicial de Honorarios de Abogados.* Editorial Atenea, Caracas- Venezuela, p. 12.

Asimismo, para Juan Carlos Apitz el concepto de costas comprende "todos aquellos gastos que han sido necesarios o útiles durante el juicio para el reconocimiento del derecho, rechazando aquellos gastos que no reúnen tales atributos"[210].

El término costas en forma amplia comprende lo que se entiende por costos, honorarios y *litis expensas*, así, costos son todos aquellos gastos ocasionados por las partes dentro del juicio y que la ley establece como de obligatorio pago. Esto es: (a) los gastos de justicia conforme con la Ley de Arancel Judicial, -estos costos los determina el secretario del tribunal en la oportunidad pertinente-; (b) honorarios -el monto de los mismos lo determina el propio abogado- y (c), las *litis expensas* que no es otra cosa que la obligación que tienen las personas de sufragar los gastos de quien los está representando en el juicio o litigio. Bien que ellos sean propios del abogado en ejercicio de su mandato o para cancelar emolumentos de funcionarios cuando fuere necesario[211].

Para el profesor Juan F. Herrero Perezagua son costas procesales los desembolsos de dinero incluibles entre los gastos procesales causados directamente por el proceso y vinculados a éste, como vía de satisfacción de la tutela jurídica, por una relación de necesidad y de utilidad[212].

Ernesto De La Rocha García al referirse a las costas, expresa que consisten en los gastos que es preciso hacer para obtener la declaración judicial de un derecho, y agrega que normalmente comprenden sólo los gastos que el proceso oca-

---

[210] J. Carlos Apitz B.: *Sistema de Costas Procesales y Honorarios Profesionales del Abogado. ...op. cit.*, p. 90.

[211] Jorge Rogers Longa: *Estimación e Intimación de los Honorarios Profesionales del Abogado*. Ediciones Libra, C.A., Caracas-Venezuela 1994, pp. 222-223.

[212] Juan F., Herrero Perezagua: *La Representación y Defensa de las Partes y las Costas en el Proceso Civil*. Ediciones La Ley, Madrid-España 2000, p. 132.

siona. Quedan, por tanto, fuera de su ámbito, los daños y perjuicios que las partes puedan causarse con motivo del pleito[213].

Mª José Achón Bruñén señala que son costas procesales todos aquellos gastos que, teniendo su origen directo e inmediato en el proceso, reciben dicha consideración en el Artículo 241 de la Ley de Enjuiciamiento Civil española. Tal presupuesto, puede asimilarse con los gastos originados en el curso del proceso, pues ni todos ellos ostentan la categoría de costas ni los gastos previos al litigio dejan de serlo en todo caso; a tal efecto, menciona las certificaciones registrales obtenidas con anterioridad al pleito y cuya aportación junto con la demanda constituye un requisito *sine qua non* para su admisión, o los informes periciales elaborados antes del proceso que se adjuntan con la demanda y quedan incorporados a los autos con independencia de que el perito comparezca para ratificar o aclarar su dictamen[214].

La precitada autora al estudiar el referido Artículo 241 puntualiza que, aunque en una primera apreciación pudiera inferirse que dicha norma establece un *numerus clausus* de gastos que ostentan la consideración de costas procesales, al hacer una interpretación sistemática de la mencionada Ley de Enjuiciamiento Civil, puede advertirse que existen otros gastos que no fueron incluidos en la aludida norma que también deben ser considerados costas. Dentro de ellos indica los siguientes: los gastos del cotejo de documentos cuando de la comprobación resulte su autenticidad; así como los gastos ocasionados por el transporte, conservación, custodia y administración de los bienes objeto de depósito judicial cuando el depositario sea una persona distinta al ejecutante, al ejecutado o a un tercer poseedor del bien mueble.

---

[213]   Ernesto De La Rocha García: *El Abogado y el Procurador en sus actuaciones en los procedimientos y trámites de la nueva Ley de Enjuiciamiento Civil.* Editorial Comares, Granada 2001, p. 296.

[214]   Mª José Achón Bruñén: *Las Costas Procesales y las Denominadas Juras de Cuentas.* Bosch Editor, Barcelona-España 2008, p. 115.

Por su parte, la jurisprudencia patria ha expresado la definición de costas en diversas decisiones. En sentencia N° 1.582 de fecha 21 de octubre de 2008, la Sala Constitucional del Tribunal Supremo de Justicia señaló que las costas procesales consisten en el conjunto de gastos necesarios que las partes deben realizar dentro del proceso, con ocasión del mismo y para su consecución. Que la condena a su pago es accesoria y se traduce en la declaración del juez, contenida en la sentencia, que ordena, a la parte vencida totalmente, sufragar los referidos gastos del juicio.

Igualmente, en dicha decisión expresó la Sala que de la lectura concatenada del Artículo 286 del Código de Procedimiento Civil con las normas vigentes de la Ley de Arancel Judicial, se pueden diferenciar dos componentes distintos de las costas procesales. Uno de ellos los gastos judiciales denominados también costos del proceso, que son objeto de tasación por el secretario y se encuentran dentro ellos los honorarios y gastos de los expertos; el segundo está conformado por los honorarios de los abogados apoderados de la parte gananciosa en el juicio los cuales no pueden exceder del 30 % del valor de litigado[215].

Conforme con la doctrina y jurisprudencia antes expuesta, puede afirmarse que efectivamente el legislador no determinó en forma específica en el Código de Procedimiento Civil, los conceptos que componen las costas procesales. Por tanto, la jurisprudencia, al igual que la doctrina, en una interpretación concordada de las normas previstas en el mencionado código con la Ley de Arancel Judicial, coinciden en que están incluidos en ellas los gastos del proceso y los honorarios de abogados.

En tanto la Ley de Enjuiciamiento Civil, en el Artículo 241, considera a las costas como una parte de los gastos del proceso, que están referidas al pago de los conceptos siguientes: honorarios de la defensa y de la representación técnica; inserción de anuncios o edictos que deben publicarse obligato-

---

[215]   http://www.tsj.gov.ve/decisiones/scon/Octubre/1582-211008.

riamente en el proceso; depósitos necesarios para la presentación de recursos; derechos de peritos y demás abonos que deban realizarse a personas que hayan intervenido en el proceso; copias, certificaciones, notas, testimonios y documentos semejantes que deban solicitarse conforme con la ley, se exceptúan los que se reclamen por el tribunal a registros y protocolos públicos -que serán gratuitos- así como los derechos arancelarios que deban abonarse para el desarrollo del proceso[216].

Sobre la anotada distinción que hace el legislador español entre gastos y costas Juan Montero Aroca señala que la misma resulta imprecisa y aclara que la diferenciación encuentra sustento en el hecho de que la realización de un proceso exige que las partes del mismo realicen gastos. No obstante, indica que sólo algunos de ellos tienen causa directa e inmediata en el proceso y se refiere a las costas procesales. Otros gastos, aunque tengan como causa indirecta el proceso, no pueden integrarse en la noción de costas. Dichos gastos son aquellos a que hace mención el Artículo 241: otorgamiento de poder notarial que no puede ser imputado en forma directa al proceso, ya que puede ser utilizado en varios juicios y es posible que luego de otorgado no se inicie el proceso[217].

La definición de costas procesales comprende aquel conjunto de gastos y desembolsos de orden pecuniario, que realizan las partes con ocasión del comienzo, sustanciación y conclusión del proceso, dentro de los cuales quedan incluidos, en primer lugar, los honorarios profesionales de los abogados apoderados o asistentes de las partes. En segundo lugar, los gastos o costos del juicio causados de acuerdo con lo dispuesto en la Ley de Arancel Judicial, tales como: los pagos realizados por concepto de copias fotostáticas necesarias para la práctica de las citaciones y notificaciones; así como los pagos hechos a los jueces asociados, intérpretes, expertos y prácticos, así como los del depositario judicial, entre otros.

---

[216] Ley de Enjuiciamiento Civil. ...op. cit., pp. 250-251.
[217] Juan Montero Aroca y otros: *Derecho Jurisdiccional II Proceso Civil.* ... op. cit., p. 178.

Igualmente, considera que la razón de ser de las costas procesales parte de la premisa de que el proceso civil no es del todo gratuito; ello, en razón de que corresponde a las partes sufragar los gastos y costas del mismo, cuyo pago si bien queda sujeto a una eventual condena que pudiera recaer en la parte perdidosa del juicio. Pero, ello no puede servir para concebir las costas procesales como una sanción, ya que de lo que se trata es de una compensación a la parte victoriosa con la finalidad de que el reconocimiento de su pretensión obtenido, mediante el proceso, no se torne disminuido como consecuencia de los gastos ocasionados por el mismo.

Así las cosas, puede afirmarse que las costas procesales cumplen una doble finalidad; en primer término, representan un mecanismo de reparación o resarcimiento del perjuicio que experimenta la parte vencedora en el juicio, al verse compelido a acudir a un proceso judicial en procura de la tutela de su pretensión; y, en segundo lugar desempeña una función racionalizadora de la litigiosidad, que sirve para fomentar en los profesionales del derecho la cultura del empleo del proceso sólo cuando existan verdaderos motivos para litigar, con el objeto de evitar la instauración de juicios y recursos bajo la premisa de la inexistencia del riesgo de la imposición de costas a la parte que resulte perdidosa.

2. Condena en costas

Para el profesor Juan F. Herrero Perezagua la condena en costas es un pronunciamiento contenido en una resolución jurisdiccional constitutivo de la obligación de reembolso de las costas causadas al litigante al que se le reconoce titular de ese derecho de reintegro, a cuyo favor se crea un título ejecutivo que podrá hacer efectivo contra el sujeto que el mismo pronunciamiento señale como obligado[218].

Arístides Réngel-Romberg, señala que la condena en costas es la condena accesoria que impone el juez a la parte to-

---

[218] J. F Herrero P.: *La Representación y Defensa de las Partes y las Costas en el Proceso Civil…. op. cit.*, p. 148.

talmente vencida en un proceso o en una incidencia, de resarcir al vencedor los gastos que le ha causado en el proceso[219].

Juan Carlos Apitz entiende la condena en costas como el pronunciamiento mediante el cual el órgano jurisdiccional decide sobre su distribución definitiva, precisando la parte que ha de soportarlas en su totalidad, lo cual no queda al arbitrio del juez, sino que corresponde al ordenamiento procesal establecer el criterio de su imposición[220]

Ahora bien, los distintos ordenamientos jurídicos han establecido distintos criterios de imposición de las costas con el objeto de que la declaración sobre las costas sea proporcional al fundamento de la condena que prevalezca en cada periodo histórico. En efecto, cuando la condena en costas tenía carácter sancionador, el criterio imperante era la temeridad o mala fe de uno de los litigantes, y más tarde cuando fue perdiendo dicho carácter para asumir la finalidad indemnizatoria que tiene hoy en día, se desligó de la apreciación de consideraciones subjetivas sobre la conducta de las partes, hasta asumir hechos estrictamente objetivos relativos al vencimiento total en el proceso[221]. A continuación, se estudiarán los criterios adoptados para la imposición de la condenatoria en costas.

A.   *Criterios sobre la imposición de la condena en costas*

El estudio de los criterios de imputación de las costas procesales, se hace a partir del planteamiento expuesto por Chiovenda. Para él, la condena en costas es un resultado a que ha conducido el desenvolvimiento del Derecho Procesal; en sus orígenes no se admitía condena en las costas sino para los litigantes de mala fe (criterio de la temeridad); posteriormente, se pasa por un período intermedio en el cual al no com-

---

[219] A. Réngel R.: *Tratado de Derecho Procesal Civil Venezolano*. Tomo I. ...*op. cit.*, p. 493.

[220] J. Carlos Apitz B.: *Sistema de Costas Procesales y Honorarios Profesionales del Abogado*. ...*op. cit.*, p. 52.

[221] J. Carlos Apitz B.: *Sistema de Costas Procesales y Honorarios Profesionales del Abogado*. ...*op. cit.*, p. 52.

prenderse la naturaleza verdadera de la institución, se aplican principios propios del Derecho civil (culpa) a la condena en costas para llegar por fin a la condena absoluta[222]. En efecto, siguiendo sus ideas la doctrina ha estructurado la clasificación de los criterios sobre la condenatoria en costas en tres grupos a saber: del vencimiento objetivo; del vencimiento subjetivo y el criterio de la causalidad[223].

1.- El criterio del vencimiento objetivo: supone que sin necesidad de que la parte gananciosa en el proceso lo solicite expresamente, las costas deben ser impuestas al litigante que haya visto rechazadas todas sus pretensiones[224]. Dicho criterio exige que se den en forma concurrente las siguientes circunstancias: la existencia de un proceso controvertido, caracterizado por un conflicto de intereses intersubjetivo calificado por una pretensión resistida[225]; el vencimiento se determina por el resultado del proceso o del incidente, es decir por la declaratoria del derecho a favor de una de las partes y contraria a la otra, de donde deviene que su aplicación se automática; que la parte vencida en el proceso sea la condenada en costas; las razones y motivos en que se fundamentan la declaratoria con lugar de la demanda o la reconvención, son irrelevantes para determinar el vencimiento[226].

---

[222] Giuseppe Chiovenda: *Instituciones de Derecho Procesal Civil Volumen III.* (traducción de E Gómez Orbaneja). Editorial Revista de Derecho Privado de Madrid, Madrid 1940, p. 332.

[223] J. Carlos Apitz B.: *Sistema de Costas Procesales y Honorarios Profesionales del Abogado. ...op. cit.*, p. 53.

[224] M. José Achón B.: *Las Costas Procesales y las Denominadas Juras de Cuentas.... op. cit.*, p. 21.

[225] Francesco Carnelutti: *Instituciones del Proceso Civil*, Tomo I. Atenea C.A, Caracas 2008, p. 32.

[226] J. Carlos Apitz B.: *Sistema de Costas Procesales y Honorarios Profesionales del Abogado. ...op. cit.*, pp. 54-55.

En la aplicación de dicho criterio surgen algunos supuestos que pueden tornar compleja su practicidad, los cuales plantea[227] Fernando Escribano Mora, así:

- Cuando se da la absolución en la instancia del demandado, señalando que en este caso rige la regla de aplicación general y se condenará en costas al demandante.

- Pluralidad de partes llamada también acumulación subjetiva se produce cuando existen varios demandantes y varios demandados, con relación a la misma pretensión o diferentes pretensiones conexas entre sí, en tal caso la obligación del pago de las costas recae en forma mancomunada para la parte que haya resultado perdidosa.

- Pluralidad de demandados y algunos de ellos absueltos. Tal supuesto puede darse conforme con el ordenamiento jurídico venezolano sobre todo en las demandas de daños y perjuicios prevenientes de accidentes de tránsito, cuando se demanda en forma solidaria al propietario del vehículo y a la empresa aseguradora; en tal caso, esta última pudiera resultar absuelta si demuestra que el vehículo fue vendido durante la vigencia de la póliza, sin que se le hubiese participado el traspaso; en este supuesto se condenará en costas al sujeto dañante el propietario y se exonerará a la aseguradora.

- Existencia de reconvención lo razonable es que el tribunal en la sentencia haga un doble pronunciamiento sobre la condena en costas respecto de la pretensión principal y la reconvencional.

- Acumulación de acciones. Dentro de ella se plantea la acumulación eventual cuando el actor plantea una pretensión principal y otras alternativas o subsidiarias para el caso de no ser estimada la principal; tal supuesto es regulado en el Artículo 71.4 de la Ley de Enjuiciamiento Civil, y en el ordenamiento procesal patrio en el único aparte del Artículo 78 del Código de Procedimiento Civil. En tal caso, se condenará al

---

[227] Fernando Escribano: *El proceso Civil Volumen IV*. Tirant Lo Blanch, Valencia 2001, p. 2786 y ss.

demandado al pago de las costas cuando una sola de las pretensiones del actor se acogida en todas sus partes, y, por interpretación en contrario, se condenará en costas al demandante cuando todas sus pretensiones hubiesen quedado rechazadas.

A los supuestos comentados, Juan Carlos Apitz[228] añade los siguientes: acumulación objetiva de pretensiones siempre que exista conexidad entre las mismas y por razones de economía procesal se haga necesario que sean tramitadas en un mismo procedimiento y resueltas en una misma decisión; se encuadra, dentro de dicho supuesto, la demanda de resolución de contrato acompañada de la pretensión de daños y perjuicios; en tal caso, si se desestima esta última no habrá vencimiento total sino parcial; y la acumulación sobrevenida y acumulación de autos que se produce cuando dos o más causas que cursan en tribunales diferentes o en el mismo tribunal presentan vínculos de identidad o semejanza por lo que por razones de economía procesal deben ser resueltas por el mismo órgano jurisdiccional; por tanto, resulta aplicable en tal supuesto lo antes señalado para la acumulación objetiva de pretensiones.

1.- Vencimiento parcial: Dentro del criterio del vencimiento objetivo se distingue el llamado vencimiento parcial que se produce cuando la estimación o desestimación de la demanda fuere parcial; es decir, cuando las pretensiones del demandante no son acogidas íntegramente ni tampoco los alegatos de defensa del demandado; en tal caso, no habrá condenatoria en costas en razón de que ambas partes se vieron compelidas a servirse del proceso para el reconocimiento de sus pretensiones, y no resulta imputable a ninguna de ellas la necesidad de acudir a la vía judicial[229]. Se diferencia del vencimiento parcial el vencimiento mutuo o recíproco que se produce cuando existen pretensiones de ambos litigantes co-

---

[228] J. Carlos Apitz B.: *Sistema de Costas Procesales y Honorarios Profesionales del Abogado.* ...op.cit., p. 56.

[229] M. José Achón B.: *Las Costas Procesales y las Denominadas Juras de Cuentas*...op. cit., pp. 25-26.

mo en el caso de proponerse reconvención y tanto la demanda principal como la reconvencional son rechazadas o las dos son estimadas.

2.- El criterio subjetivo llamado también de la temeridad: Atiende a la temeridad o mala fe del litigante que a pesar de tener conciencia de la injusticia de su postura obliga a la otra parte a litigar. La mala fe supone la contumacia injustificada en no cumplir de quien a pesar de tener pleno conocimiento de su deber jurídico o del derecho indiscutido de la contraparte, prefiere ignorarlo voluntariamente hasta el extremo de obligar al titular del derecho a tener que acudir al órgano jurisdiccional como única vía de lograr su satisfacción. Conforme con dicho criterio no puede calificarse de temeraria la conducta de un litigante cuando el asunto litigado es objetivamente discutible, y éste defiende su postura con buena fe procesal.

3.- Criterio de la causalidad: Planteado por la doctrina italiana se sustenta en el principio de la causalidad como corrector del criterio objetivo, al determinar que el vencimiento determina por regla general la obligación de reembolso de las costas; pero admite como excepción a dicha regla que el vencido pueda ser exonerado de la condena en costas si tuvo justos motivos para litigar; ello ocurre cuando una de las partes haya perdido a pesar de su comportamiento probo y leal[230]. La aplicación de dicho criterio exige que el juez examine y razone en la sentencia si la parte tuvo motivos racionales para litigar y en caso afirmativo puede exonerar de costas al vencido.

B.   *Criterio de imposición de costas en el sistema procesal civil venezolano*

En el sistema procesal civil venezolano la condena en costas responde al criterio objetivo, que se equipara con el vencimiento total de alguna de las partes en el proceso; dicha condena debe ser declarada en forma expresa en el dispositivo

---

[230]   Francesco Carnelutti: *Instituciones del Proceso Civil*, Tomo I, Atenea C.A, Caracas 2008, p. 329.

del fallo, conforme con lo establecido en los Artículos 274 y 281 del Código de Procedimiento Civil. Son normas que imponen a los jueces el deber legal de establecer la condena al pago de las costas a la perdidosa en la parte dispositiva de las sentencias que resuelvan tanto las incidencias que surjan durante el proceso, como el fondo del mismo.

Esto es un deber que se extiende a todos los operadores de Justicia en cualquier grado de jurisdicción, salvo los casos que están exonerados expresamente por el legislador en atención a los sujetos procesales que litigan. Por ejemplo, los niños y adolescentes o la República cuando resulten ser la parte perdidosa.

Respecto de la recepción del criterio objetivo en el sistema procesal patrio debe señalarse que la misma se produce a partir de la promulgación del Código de Procedimiento Civil en 1986, pues antes de la reforma de 1916 se había adoptado en materia de costas el sistema español, se las imponía tan sólo a los litigantes temerarios. En efecto el Código de Procedimiento Civil de 1904 disponía en el Artículo 183 que en las sentencias debía condenarse en costas al litigante que apareciera haber seguido el juicio con temeridad[231]. Dicho principio, intachable en teoría resultaba poco práctico, porque siendo como era necesario dejar al juez en libertad de apreciar si el litigante había sido temerario o no, de imponer o no las costas, los jueces, por no pecar de severos abusaban con frecuencia de la fórmula: "no hay especial condenación en costas", de lo cual resultaba que el triunfador en el debate judicial solía obtener victorias ruinosas.

Para evitar tales excesos de los tribunales, el legislador de 1916 desechó el viejo sistema y adoptó el de Francia e Italia conforme con el cual el litigante totalmente vencido debe pagar siempre las costas; sin embargo, la disposición del Artículo 172 al incorporar el nuevo sistema sobre costas permitía eximir del pago de ellas al litigante vencido, cuya buena fe

---

[231] A. Borjas: *Comentarios al Código de Procedimiento Civil Venezolano*. Tomo II.... *op. cit.*, p. 146.

apareciera de autos, por lo que debe el tribunal hacer expresa declaración de la exención de costas, y exponer los motivos en que la funde.[232]

La imposición de costas establecida en el aludido Artículo 172 exigía dos condiciones para su procedencia, a saber que el condenado fuese parte en el juicio o en la incidencia y que, además de resultar totalmente vencido, no aparecieran motivos racionales para intentar y seguir el proceso, pues de existir tales razones y así lo expresare en forma motivada el tribunal en la sentencia no podían ser impuestas las costas[233].

Así las cosas, puede afirmarse que el sistema legal de imposición de costas regulado en el Código de Procedimiento Civil de 1916, acogió el criterio de causalidad sostenido por la doctrina italiana, pues disponía que el que resultara vencido totalmente en un juicio o en una incidencia debía ser condenado al pago de las costas; sin embargo, con el objeto de evitar que la rigidez de dicho principio condujera a injusticias, se incorporó un correctivo al establecer la exención de costas cuando apareciere que existían motivos racionales para litigar, sobre lo cual el juez haría declaratoria expresa en la sentencia, y en tal virtud dichas circunstancias debían ser apreciadas por el juez según su criterio.

Luis Loreto al comentar la aplicación de la referida exención de costas puntualiza:

> …los motivos racionales que tuvo el perdidoso para litigar deben aparecer de las actas procesales; esto es, que de los documentos, piezas y actos procesales o de todo su complejo orgánico, deben surgir aquellos elementos espirituales que le permitan inducir derechamente la *iusta causa liti-*

---

[232] F. Zambrano.: *Condena en Costas Procedimiento de Cobro Judicial de Honorarios de Abogados. … ob. cit.* pp. 36-37.

[233] A. Borjas: *Comentarios al Código de Procedimiento Civil Venezolano.* Tomo II.… *op. cit.,* p. 148.

gandi, aun cuando ella no haya sido alegada o puesta de manifiesto con tal fin por la parte.[234]

Asimismo, destaca que:

> El legislador no ha querido que este poder discrecional del juez funcione en la amplitud de su arbitrio, sino que, como para obligarlo a ponderar suficientemente los motivos de exención, que servirán de guía a la parte y al posible control de alzada, le ha impuesto la obligación de motivarla; esto es: de expresar en el fallo las causas racionales concretas que obraron en su ánimo para determinarlo a pronunciar la exención.[235]

No obstante, los motivos que llevaron al legislador de 1916 para incorporar un sistema objetivo de costas mitigado, al exceptuar del pago de las costas procesales a la parte que había tenido motivos fundados para litigar; el legislador de 1986, reformuló el aludido sistema de costas, pues tomó en consideración los abusos a que se prestaba la comentada excepción por parte de algunos operadores de justicia que acordaban dicho beneficio en asuntos que en forma alguna se correspondían con el verdadero espíritu del legislador al introducir la aludida excepción. En tal virtud se estableció, en el referido Artículo 274 del Código de Procedimiento Civil, el principio del vencimiento total, y se adopta, definitivamente, el sistema objetivo de costas que se impone a la parte que resulte totalmente perdidosa en un proceso, sin posibilidad de exención que pueda decidir el juez conforme con su arbitrio.

En la misma óptica, es preciso señalar que el criterio de imposición de costas responde en muchos casos a razones de política legislativa, lo cual se evidencia en el hecho de que el legislador patrio opta por distintos criterios de imposición de costas en los diversos órdenes jurisdiccionales.

---

[234] Luis Loreto: "Breves consideraciones acerca de la Teoría Legal de la Exención de Costas". *Ensayos Jurídicos.* Editorial Jurídica Venezolana, Caracas 1987, p. 398.

[235] Luis Loreto: *op. cit,* p. 398.

Así se aprecia, como en materia de amparo constitucional, adopta el criterio subjetivo de la temeridad o mala fe en el Artículo 33 de la Ley Orgánica de Amparo sobre Derechos y Garantías Constitucionales; la exención de costas en los asuntos donde son demandados los niños y los adolescentes a tenor de lo dispuesto en el Artículo 485 de la Ley Orgánica para la Protección de Niños, Niñas y Adolescentes; el del vencimiento objetivo en forma mitigada en materia laboral de conformidad con lo establecido en el Artículo 59 de la Ley Orgánica Procesal del Trabajo, que dispone el deber del juez de condenar en costas a la parte que resulte vencida en el proceso o en una incidencia, cuya aplicación se hace en concordancia con el Artículo 64 *eiusdem* que exceptúa de la condenatoria en costas al trabajador que perciba menos de tres salarios mínimos; y tal como se ha señalado el del vencimiento objetivo en el proceso civil.

Así las cosas, conforme con lo dispuesto en el ordenamiento procesal civil, los jueces están en la obligación de condenar en costas a la parte que resulte totalmente vencida en el proceso. No les está permitido exceptuar de su pago a la parte perdidosa. El fundamento se concreta en la no temeridad de su actuación, en la buena fe, o cuando consideren que existían elementos razonables para litigar. Tales posibilidades quedaron excluidas del proceso civil con la adopción del criterio objetivo.

Por tanto, la condena en costas constituye un deber legal para el operador de justicia; es un asunto de Derecho imperativo, no sometido al principio dispositivo, pues aun cuando no haya sido solicitada por las partes, éste debe verificar en el momento en que profiere el fallo para resolver una incidencia o el mérito del asunto, si hubo vencimiento total del demandante o del demandado. De modo que condenará en costas a la parte perdidosa, lo cual representa para la victoriosa una especie de resarcimiento por todos los gastos que haya efectuado con ocasión del proceso, bien para obtener el reconocimiento judicial del derecho reclamado, en el caso del actor, o por la declaratoria de improcedencia del mismo si fuere el demandado.

Sin embargo, en la práctica es común observar que los jueces han hecho uso repetido en las sentencias de la expresión: "no hay condenatoria en costas dada la naturaleza del presente asunto", lo cual han convertido casi en una fórmula, sin explicar las razones del por qué exoneran de costas a la parte totalmente vencida en una incidencia o en el proceso; una situación que debe ser mejorada, pues la exoneración de las costas sólo encontraría razón de ser conforme con el criterio objetivo establecido en el Código de Procedimiento Civil. Ello, cuando se trata de decisiones que reponen la causa por quebrantamiento de las formas procesales atinentes al órgano jurisdiccional. Ello en virtud de que al subvertir el proceso el tribunal de la causa resulta vulnerado el derecho a la defensa de las partes; y en tal supuesto debería indicarse que no hay condenatorias en costas, en razón de que la reposición de la causa no fue ocasionada por la actuación de las partes, sino que fue originada por el *a quo*.

De igual forma, en los casos de vencimiento parcial cuando las pretensiones de ambas no son acogidas en su totalidad, al declararse parcialmente con lugar la demanda, el tribunal debería indicar en forma razonada señalar que ésta es la razón por la que no hay condenatoria en costas. No se ha de limitar a colocar en el dispositivo de la sentencia la expresión comúnmente utilizada "no hay condenatoria en costas dada la naturaleza del fallo".

Asimismo, a tenor del Artículo 275 en los casos de vencimiento reciproco cada parte debe ser condenada al pago de las costas de la parte contraria, como sucedería en el caso de existir reconvención cuando tanto la pretensión de la demanda principal como la reconvencional fueren desestimadas por el tribunal. En tal supuesto surge el derecho para cada parte de cobrar a la otra las costas procesales, y una vez establecido el monto de los créditos puede operar la compensación prevista en el Artículo 1.331 del Código Civil.

Cabe destacar que en la práctica cuando el órgano jurisdiccional omite emitir el pronunciamiento correspondiente a la condena en costas, es común que la parte que resulta gananciosa en el proceso solicite la ampliación de la sentencia, a tenor de lo dispuesto en el Artículo 252 del Código de Procedimiento Civil. Ahora bien, la jurisprudencia nacional no ha mantenido un criterio uniforme sobre la procedencia de la ampliación como mecanismo para subsanar la omisión de la condenatoria en costas.

En efecto, en decisión N° 474 de fecha 13 de abril de 2005, la Sala Constitucional consideró que la condenatoria en costas efectuada mediante una ampliación de la sentencia constituye una modificación del fallo y desnaturaliza el objeto de dicha institución[236], criterio que fue reiterado por esa Sala en decisión N° 1.538 de fecha 16 de octubre de 2008[237]. Por tanto, de conformidad con dicha posición debe la parte perjudicada con tal omisión interponer el recurso de apelación y lo limita a ese aspecto. Sin embargo, en decisión posterior N° 436 de fecha 05 de abril de 2011, sostuvo el criterio contrario y consideró ajustado a Derecho la condenatoria en costas efectuada mediante aclaratoria[238].

En función de lo expuesto, la regla prevista en los Artículos 274 y 281 del Código de Procedimiento Civil, compele al órgano jurisdiccional a adoptar el criterio del vencimiento objetivo sobre costas que las referidas normas contemplan. De modo que, al no disponer el juez de un margen de apreciación sobre la imposición de las mismas debe limitarse a la aplicación automática de la predicada regla. En tal virtud, si a pesar de haber resultado totalmente vencida, una de las partes incumple con el deber de emitir el pronunciamiento correspondiente a la condena en costas, es dable que la parte gananciosa solicite la ampliación de la sentencia, sin que ello signifique una modificación del fallo.

---

[236] http://www.tsj.gov.ve/decisiones/scon/Abril/474-130405-04-2242.htm

[237] http://www.tsj.gov.ve/decisiones/scon/Octubrel/1538-161008-06-1405.htm

[238] http://www.tsj.gov.ve/decisiones/scon/Abrill/436-5411-2011-09-1361.htm

Igualmente, debe puntualizarse que mientras no se produzca la firmeza de la sentencia contentiva de la condenatoria en costas, producto del ejercicio o no de los recursos ordinarios o extraordinarios a que hubiere lugar, corresponde a cada parte sufragar los gastos procesales; ello, en razón de que el título que permite el derecho a demandar las costas procesales o los honorarios provenientes de las mismas, es la sentencia definitivamente firme, cuya naturaleza jurídica se estudiará a continuación.

3. *Sentencia contentiva de la condena en costas*

La sentencia es el acto por el cual el juez cumple la función jurisdiccional de resolver sobre las pretensiones del demandante y las excepciones de mérito o fondo del demandado. Asimismo, mediante ella se convierte, para cada caso, en voluntad concreta la voluntad abstracta del legislador que la ley contiene[239]. Por tanto, la sentencia que resuelve el fondo de la materia controvertida, así como las incidencias, determinará el resultado del proceso o del incidente; y en atención a la conclusión que llegue el juzgador luego del razonamiento que efectúe conforme con lo alegado y probado en autos, si una de las partes resultare vencida en virtud del rechazo de sus pretensiones o excepciones deberá limitarse a la automática aplicación de la regla del vencimiento objetivo. Disposición que está contenida en los Artículos 274 y 281 del Código de Procedimiento Civil y condenar en costas a la parte que resulte totalmente vencida en el juicio.

Ahora bien, la naturaleza de la sentencia contentiva de la condenatoria en costas ha sido explicada por la doctrina en atención a las distintas clases de sentencia; una parte de ella la ha considerado como una sentencia constitutiva; otra parte, la identifica como una sentencia de condena; algunos la consideran mixta y, finalmente, para otro sector doctrinal la naturale-

---

239 Hernando Devis Echandía: *Teoría General del Proceso.* Tercera edición. Universidad, Buenos Aires 2004, pp. 420-421.

za surge de acuerdo con el contenido del pronunciamiento[240]. A continuación, se estudiará cada criterio de acuerdo con la definición correspondiente a cada tipo de sentencia.

- **Constitutiva:** Tal posición surge cuando se empieza a considerar que las costas no forman parte del Derecho privado, sino del Derecho Procesal Civil. Dicha tesis es sustentada por Hugo Alsina al expresar que las costas tienen su origen en el proceso y es la sentencia que condena al vencido al pago de las mismas la que constituye el derecho al crédito; ello en virtud del cual el vencedor es acreedor del vencido por los gastos efectuados en la tramitación del juicio. Así la sentencia que contiene la condena en costas es constitutiva de derecho conforme con la clasificación de las sentencias propuesta por el precitado autor[241].

Al respecto, Arístides Réngel-Romberg señala que la sentencia del juez referente a las costas es esencialmente constitutiva, porque de ella nace la obligación concreta del vencido de pagar las costas; consecuencialmente, no puede concebirse una condena implícita no pronunciada en la sentencia, y la falta de un pronunciamiento en torno a las costas constituye una laguna de la sentencia; esto es, hay un vicio en su formación.[242]

La referida postura se ve reforzada si se toma en consideración la eficacia constitutiva de la sentencia la cual, tal como lo apunta Luis Loreto, aparece como formando parte del proceso de efectuación del derecho potestativo que ella declara, mostrándose así tal derecho como el *"poder jurídico concedido al actor para producir un efecto jurídico mediante sentencia del juez"*.[243]

---

[240]   J. Carlos Apitz B.: *Sistema de Costas Procesales y Honorarios Profesionales del Abogado. ...op. cit.*, p. 94.

[241]   Hugo Alsina: *Fundamentos de Derecho Procesal,* Volumen 4. Editorial Jurídica Universitaria, México 2003, p. 133.

[242]   A. Réngel R.: *Tratado de Derecho Procesal Civil Venezolano.* Tomo II, *...op. cit.*, p. 493.

[243]   L. Loreto: "Breves consideraciones acerca de la Teoría Legal de la Exención de Costas..." *op. cit.*, pp. 371-372.

La sentencia constitutiva, en este caso, declararía también una voluntad de ley preexistente, con lo cual se hace idéntica a las demás sentencias; pero en cuanto la ley conecta o condiciona la realización o producción del efecto a esa declaración, entonces, se materializa como el hecho constitutivo que de aquel efecto es causa por virtud de la ley. Destaca también que bajo esta concepción el actor tiene derecho a producir la modificación, no solamente a que se produzca la sentencia; en último término, el poder de producir el efecto nuevo remonta al derecho del actor, y es la sentencia el momento culminante de su efectuación; sentencia que, al pasar en autoridad de cosa juzgada, hace conseguir al derecho potestativo a la modificación jurídica su acabada realización[244].

En sintonía con esta posición la Sala Constitucional del Tribunal Supremo de Justicia en decisión N° 1.588 de fecha 10 de agosto de 2006, expresó que la condenatoria en costas se impone en la sentencia a la parte que resulte totalmente vencida en el proceso, y tiene un carácter constitutivo. Ello, en razón de que su declaratoria hace surgir derechos para las partes y concretamente para la parte que resulte perdidosa el deber de pagar los gastos judiciales generados en el proceso, motivo por el cual la condena debe ser explícita y no implícita[245].

Igualmente, en sentencia N° 1.582 de fecha 21 de octubre 2008 señaló que el concepto de costas procesales constituye un instituto de carácter procesal implícito en cualquier tipo de proceso, y la condena a su pago está referida a la declaración del juez en la sentencia, constitutiva de una condena accesoria que ordena a la parte vencida totalmente sufragar los gastos a la contraparte[246].

---

[244] L. Loreto: "Breves consideraciones acerca de la Teoría Legal de la Exención de Costas..." *op. cit.,* pp. 371-372.

[245] http://www.tsj.gov.ve/decisiones/scon/Agosto/1588100806-06-0653.htm.

[246] http://www.tsj.gov.ve/decisiones/scon/Octubre/1582211008-00-1535.htm.

- **De condena:** Este criterio se fundamenta en el Artículo 91 del Código de Procedimiento Civil Italiano de 1940, norma similar al Artículo 274 del Código de Procedimiento Civil venezolano. Dicha postura encuentra sustento en la definición de las sentencias de condena y tiene en cuenta que son todas aquellas que imponen el cumplimiento de una prestación. En tal virtud la decisión que impone las costas pertenece a esta categoría porque contiene una condena. Sobre este aspecto, cabe destacar que las llamadas sentencias de condena producen un doble efecto son un título ejecutivo y, además, contienen una declaración irrevocable del derecho. En este caso, de la parte victoriosa de cobrar las costas a la perdidosa.

- **Mixta:** Roberto Loutayf Ranea es el principal propulsor de esta posición que resulta innovadora frente a la clásica división de las sentencias en declarativas, constitutivas y de condena. En efecto, para él la sentencia que contiene el pronunciamiento de la condena en costas participa de una naturaleza mixta, por cuanto **es declarativa**, ya que implica una declaración del derecho de las partes; **es también constitutiva**, en virtud de que constituye o crea la obligación de quién o quiénes deben pagar las costas y también es de **condena** para los sujetos obligados a su pago, contra quienes pueden ejecutarse judicialmente[247].

La referida tesis se ve apoyada por la definición de condena en costas expuesta por Juan F. Herrero Perezagua, para quien la misma es un pronunciamiento jurisdiccional incorporado a una sentencia definitiva o interlocutoria que impone a una de las partes la obligación de reembolsar al otro litigante las costas que éste adelantó y crea, a su favor, el correspondiente título ejecutivo para que puede proceder a exigir el reembolso de las mismas[248].

---

[247] Roberto G., Loutayf Ranea: *Condena en costas en el proceso civil*. Editorial Astrea, Buenos Aires 1998, p. 232.

[248] Juan F. Herrero Perezagua: *La condena en costas. Procesos declarativos civiles*. J. M. Bosch Editor S.A., Barcelona 1994, p. 65.

- De acuerdo con el contenido del pronunciamiento: Otro sector de la doctrina procesal, considera que la naturaleza jurídica de la sentencia que impone las costas, nace del contenido del pronunciamiento. Dentro de este sector, se encuentra Lino Enrique Palacio, para quien la sentencia será condenatoria cuando impone el pago de las costas a una de las partes. En tal caso la parte perdidosa se convierte en sujeto de una prestación de dar a favor de la otra; en cambio, si la decisión exime del pago de las costas por no existir vencimiento o por cualquier otra circunstancia, la sentencia reviste carácter meramente declarativo[249].

En esta idea, las sentencias interlocutorias, así como las sentencias definitivas contentivas de la condenatoria en costas, en primer término, constituyen una manifestación de aplicación automática de la ley que hace el juzgador mediante el pronunciamiento jurisdiccional. Dicho pronunciamiento ha de ser incorporado en el dispositivo del fallo por el cual condena en costas a la parte que resulte perdidosa, conforme con la regla del vencimiento objetivo; al mismo tiempo, se le otorga un carácter procesal, dado que la condenatoria en costas deviene del resultado del proceso. Además, debe tratarse de una sentencia definitivamente firme contra la cual no sea posible interponer recurso alguno; es decir, que sea inimpugnable.

Asimismo, conforme con el contenido del pronunciamiento tiene una naturaleza jurídica mixta por ser declarativa, constitutiva y de condena.

Así, entonces, es declarativa en razón de que el pronunciamiento del juez que condena en costas, en sí mismo, supone una declaración del derecho de la parte victoriosa al cobro de las costas.

Es constitutiva debido a que independientemente del resto del contenido de la decisión, crea la obligación de la parte perdidosa en el juicio de pagar las costas al vencedor; es una obligación que surge con la autoridad de la cosa juzgada

[249] Lino Enrique Palacio: *Derecho Procesal Civil*. Tomo III. Abeledo-Perrot, Buenos Aires 1999, p. 397.

de la decisión que contiene tal pronunciamiento, pues se trata, tal como antes se indicó, de una sentencia definitivamente firme, que cuenta con la eficacia propia de su autoridad; es decir, se vincula con la inimpugnabilidad, invariabilidad y la coercibilidad, de donde se origina el título ejecutivo que contiene el reconocimiento del derecho de la parte gananciosa en el proceso a percibir las costas procesales; y, por supuesto, los honorarios profesionales que forman parte de éstas; con ello lo convierte en acreedor de dichas costas frente al vencido, quien a su vez tiene la obligación de pagarlas; por tanto, es indispensable por ello que la condena en costas se haga de manera expresa en el dispositivo de fallo.

Así las cosas, por ser la sentencia el título ejecutivo de donde emana el derecho de la parte gananciosa en el proceso de accionar el cobro de las costas o de los honorarios provenientes de dicha condena, es un documento público en los términos del Artículo 1.359 del Código Civil por ser proferido por un juez en ejercicio de la función jurisdiccional.

De condena, pues a tenor de lo dispuesto en el Artículo 274 del Código de Procedimiento Civil, el juez debe condenar en costas a la parte que resulte vencida en el proceso o en una incidencia; por tanto, la sentencia impone a la parte perdidosa el cumplimiento de una obligación que no es otra que la de pagar las costas a la parte gananciosa.

CAPÍTULO V

PROPUESTA DE MODIFICACIÓN DEL PROCEDIMIENTO PARA TRAMITAR LA INTIMACIÓN DE HONORARIOS DE ABOGADO PROVENIENTES DE LA CONDENA EN COSTAS

1. *Exposición de la situación*

La intimación de honorarios profesionales que puede intentar tanto la parte victoriosa en juicio, como su abogado apoderado o asistente contra la parte perdidosa condenada en costas mediante sentencia definitivamente firme y con el carácter de cosa juzgada, se tramita actualmente por el mismo procedimiento por el cual se sustancia la demanda de cobro de honorarios por actuaciones judiciales al propio cliente, previsto en el Artículo 22 de la Ley de Abogados.

Dicho procedimiento fue rediseñado por la Sala Constitucional del Máximo Tribunal de la República en decisión N° 1.393 de fecha 14 de agosto de 2008, dictada con carácter vinculante para todos los tribunales de la República. Igualmente, la Sala de Casación Civil del Tribunal Supremo de Justicia, en decisión N° 235 de fecha 1° de junio de 2011, reformuló dicho procedimiento para el cobro de honorarios por actuaciones judiciales, se apartó del criterio vinculante sentado por la Sala Constitucional en la aludida sentencia N° 1.393 de fecha 14 de agosto de 2008.

Al cotejar el procedimiento establecido para el cobro de honorarios de abogado por actuaciones judiciales, en las decisiones antes referidas, se aprecia que ambos difieren en la forma como se inician las fases que lo componen. Así, el fallo N° 1.393 de fecha 14 de agosto de 2008, dictado con carácter vinculante por la Sala Constitucional prevé **la existencia de una fase declarativa** que se inicia con demanda en la cual no es necesario estimar los honorarios; seguida de la contestación de la demanda que ocurre al día siguiente de citado el demandado; y una articulación probatoria que no se abre de pleno derecho, sino que debe ser por auto expreso cuando el juez considere que existe un hecho que requiere de prueba; culmina con una decisión que declara sólo el derecho al cobro de los honorarios.

La decisión N° 235 de fecha 1° de junio de 2011 proferida por la Sala de Casación Civil, denomina la comentada fase declarativa como **etapa de conocimiento** que se inicia con escrito en el cual se estiman e intiman los honorarios; se cita al demandado para que dentro de los diez (10) días siguientes a su citación impugne los honorarios o se acoja al derecho de retasa, con lo cual acoge el trámite establecido en el Artículo 607 del Código de Procedimiento Civil; finaliza con una decisión en la que no solo se declarará el derecho, sino que debe indicarse el monto que se condena a pagar al demandado.

En cuanto a la segunda fase del procedimiento, conforme con el fallo dictado por la Sala Constitucional, **se denomina estimativa** y comienza una vez quede firme la decisión que declara el derecho del abogado al cobro de sus honorarios. Éste debe presentar escrito con la estimación de dichos honorarios; seguida de la intimación que se hace al demandado para que dentro de los diez (10) días siguientes, se oponga al procedimiento monitorio o se acoja al derecho de retasa en este especial procedimiento, con el apercibimiento de que, de no hacerlo, quedará firme el decreto intimatorio o las sumas estimadas por el abogado según el caso. Ahora, en el supuesto de acogerse a la retasa corresponderá a los jueces retasadores fijar el *quantum* de los honorarios que debe pagar el demandado.

Para la Sala de Casación Civil, la segunda etapa sólo se abre si el demandado se acoge al derecho de retasa, bien en la fase de conocimiento al dar contestación a la demanda, o en los diez (10) días siguientes a que quede firme la sentencia de condena. En ella, el tribunal procederá a retasar el monto condenado a pagar por la sentencia de condena, de conformidad con el procedimiento de retasa dispuesto en la Ley de Abogados.

Como puede observarse los procedimientos establecidos por las dos Salas presentaban importantes diferencias, lo que en la práctica generó inseguridad jurídica para los justiciables ante la aplicación de uno u otro procedimiento por parte de los tribunales. Esa es una situación que fue superada con la decisión N° 1.217 de fecha 25 de julio de 2011 dictada por la Sala Constitucional en la que acogió el procedimiento establecido por la Sala Civil, en el comentado fallo N° 235 del 1° de junio de 2011. Se le otorgó carácter vinculante para todos los Tribunales de la República a partir de su publicación que ordenó hacerlo, tanto en la Gaceta Oficial de la Republica como en la Gaceta Judicial[250]; con ello quedó modificado el criterio, y sentó, con carácter también vinculante en la referida decisión N° 1.393 del 14 de agosto de 2008, el criterio en cuanto al procedimiento para el cobro de honorarios de abogado por actuaciones judiciales.

No obstante, la sentencia de la Sala Constitucional, así como la de la Sala de Casación Civil comentadas con anterioridad, al delinear el procedimiento para el cobro de honorarios de abogado por actuaciones judiciales, no trataron, dentro de la primera fase del mismo llámese declarativa o de conocimiento, el supuesto referido al cobro de los honorarios profesionales proveniente de la condena en costas procesales mediante sentencia definitivamente firme. Se limitaron a señalar que cuando el abogado pretenda reclamar honorarios al condenado en costas, deberá seguir el mismo procedimiento correspondiente al que debe instaurar cuando ha de reclamar los honorarios a su cliente por actuaciones judiciales. Puntualiza como única diferencia entre ambas pretensiones el relativo a la estimación de los honorarios, los cuales en la intimación al condenado en costas no pueden exceder del 30 % del valor de lo litigado. Es una limitación que no existe cuando son intimados al propio cliente.

---

[250] http://www.tsj.gov.ve/decisiones/scon/Julio/1217-25072011.

En tal hipótesis, según lo pienso, ya no tendría sentido alguno la apertura de la etapa donde el tribunal declare el derecho del abogado demandante de cobrar sus honorarios; ello, en razón de que ya existe un título ejecutivo constituido por la decisión definitivamente firme y con carácter de cosa juzgada contentiva de la condenatoria en costas; de modo que un nuevo pronunciamiento sobre este punto, sin duda, constituye un exceso de jurisdicción; por tanto, sólo queda para el demandado, una vez que sea intimado, el ejercicio del derecho de retasa, y deberá, en este caso, comenzar el procedimiento en la fase denominada estimativa, ejecutiva, o de retasa, por las siguientes razones:

- Por haberse agotado el recurso ordinario de apelación, así como el extraordinario de casación si fuere procedente, contra la sentencia dictada en el proceso en la cual se produjo la condena en costas, la cual adquiere la autoridad de la cosa juzgada, que tal como se ha explicado es la calidad; un atributo propio del fallo que emana de un órgano jurisdiccional cuando ha adquirido el carácter de definitivo. Además de la autoridad, el concepto de cosa juzgada se complementa con una medida de eficacia. Esa medida se resume en tres posibilidades: la inimpugnabilidad, la invariabilidad y la coercibilidad. En consecuencia, queda prohibido a todos los jueces de la República volver a juzgar sobre el mismo asunto por disposición expresa del Artículo 272 del Código de Procedimiento Civil. Dicho en otras palabras, no podría un Juez de Municipio o de Primera Instancia decidir que el acreedor de las costas procesales tiene derecho a cobrar honorarios; tal asunto ya es cosa juzgada y, peor aún, no puede decidir que no tiene derecho a cobrar honorarios; es decir, no puede sentenciar contra la cosa juzgada.

- Como ya se ha valorado, la condena en costas es una consecuencia procesal y económica del proceso judicial, y la sentencia que la contiene es constitutiva de derechos entre las partes; los derechos constituidos son: la parte gananciosa adquiere la condición jurídica de acreedor de todos los gastos y costos del juicio y la parte perdidosa la de deudor de estos, sin posibilidad de modificación.

Así las cosas y con fundamento en los razonamientos anteriormente expuestos, se formula a continuación lo siguiente:

2. *Propuesta de modificación del procedimiento para el cobro de honorarios de abogado provenientes de la condena en costas*

    A. *Tribunal competente*

    La demanda debe proponerse ante el tribunal competente por la materia, territorio y cuantía; es decir, ante el tribunal civil del domicilio del demandado que resulte competente por la cuantía, de acuerdo con la Resolución N° 2009-0006 de fecha 18 de marzo de 2009, emanada del Tribunal Supremo de Justicia en Sala Plena, publicada en la Gaceta Oficial de la República Bolivariana de Venezuela N° 39.152 del 02 de abril de 2009.

    B. *Requisitos de la demanda*

    La demanda que da inicio al procedimiento, además de expresar los requisitos exigidos en el Artículo 340 del Código de Procedimiento Civil, debe contener la estimación de los honorarios por todas y cada una de las actuaciones cumplidas por el abogado apoderado o asistente en el juicio principal, donde se causaron las costas. Honorarios que, como ya se ha expresado, no podrán exceder del 30% del valor de lo litigado. Igualmente, en el petitorio se debe solicitar que se intime al obligado; es decir, al condenado en costas, de conformidad con lo dispuesto en el Artículo 23 de la Ley de Abogados.

    Debe puntualizarse que los instrumentos fundamentales de la pretensión por cobro de honorarios profesionales de abogado provenientes de la condena en costas a la parte perdidosa en el juicio lo constituyen: (a) la sentencia definitivamente firme contentiva de dicha condena, que convierte a la parte victoriosa en acreedora de las mismas, junto con el auto que declaró su firmeza; y (b) las actuaciones que causaron los honorarios estimados en el libelo, las cuales deben ser acompañadas en copias certificadas con la demanda, a tenor de lo establecido en el Artículo 340 ordinal 6° del Código de Procedimiento Civil.

En su defecto, deberá indicar el tribunal y el expediente donde cursen tales actuaciones a tenor de lo previsto en el Artículo 434 *eiusdem*, puesto que de no hacerlo en este momento perderá la oportunidad para producir eficazmente las copias certificadas de tales instrumentos. Además, toda promoción posterior debe ser considerada extemporánea, pues la aludida sentencia y actuaciones son el instrumento atributivo de cualidad para accionar, lo cual constituye un presupuesto procesal de la pretensión.

C. *Legitimación o cualidad para intimar los honorarios provenientes de la condena en costas*

Para precisar los legitimados activos para intimar los honorarios de abogado provenientes de la condena en costas, es necesario formular algunas consideraciones previas sobre la cualidad o *legitimatio ad causam*. En tal sentido, Luis Loreto, al estudiar el aspecto procesal de cualidad, plantea que, para establecer la cualidad activa y pasiva en un juicio determinado, es preciso determinar cuáles son los sujetos de derecho que pueden y deben figurar en la relación jurídica procesal como partes demandante y demandada. Es decir, quiénes son en un proceso las partes legitimadas. Concluye con el siguiente señalamiento: cuando se afirme la existencia de un interés jurídico sustancial propio, que requiera la tutela del órgano jurisdiccional, existe un derecho de acción a favor del titular de dicho interés, quien en tal virtud tendrá la cualidad para hacerlo valer en juicio[251].

La cualidad o *legitimatio ad causam* es uno de los elementos que integran los presupuestos de la pretensión; entendidos estos como los requisitos para que el sentenciador pueda resolver si el demandante tiene el derecho a lo pretendido y el demandado la obligación que se le trata de imputar[252].

---

[251] Luis Loreto: "Contribución al estudio de excepción de inadmisibilidad por falta de cualidad". *Ensayos Jurídicos*. Editorial Jurídica Venezolana, Caracas 1987, pp. 181-189.

[252] http://www.tsj.gov.ve/decisiones/scon/Febrero/102-06022001.

En orden a lo antes expuesto, puede afirmarse que la cualidad o *legitimatio ad causam* es un asunto referido a la afirmación del derecho, de acuerdo con la actitud del demandante en relación con la titularidad, y es suficiente la mera afirmación de dicha titularidad para que el juez considere la existencia de ésta. De modo que sólo debe analizar la idoneidad activa del actor o pasiva del demandado para actuar válidamente en juicio. De allí que, una vez alegada la falta de cualidad en la contestación de la demanda, surge la obligación para el sentenciador de pronunciarse en forma previa respecto a su existencia y se limita a constatar si quien acude al juicio se afirma titular de un interés jurídico propio, y si la persona accionada es la misma contra quien se afirma la existencia de aquel interés[253].

Hechas las anteriores consideraciones, corresponde precisar a quién el legislador le concedió el derecho para intimar los honorarios profesionales provenientes de la condena en costas. Y al respecto, se debe precisar que de lo dispuesto en los Artículos 23 de la Ley de Abogados y 24 de su Reglamento, se infiere como regla general que las costas pertenecen a la parte gananciosa en juicio quien en principio debe pagar los honorarios a sus apoderados. Sin embargo, se establece una excepción que otorga al abogado acción personal y directa contra el condenado en costas, para hacer efectivo el derecho a cobrar sus honorarios profesionales por las actuaciones procesales que haya cumplido en el proceso.

En efecto, si la legitimación activa alude a quién tiene derecho por determinación de la ley, para que en la condición de actor el órgano jurisdiccional resuelva su pretensión, en la acción ejecutiva de cobro de honorarios profesionales judiciales, serán legitimados activos tanto la parte material o sustancial enteramente vencedora. Ello le permitirá ser beneficiaria de una condena en costas en la sentencia definitiva, así como

---

[253] http://www.tsj.gov.ve/decisiones/scon/Julio/1930-14072003.

abrazará al abogado de la parte gananciosa en su condición de mandatario judicial o mero asistente técnico en juicio.[254]

Al respecto, la Sala de Casación Civil del Tribunal Supremo de Justicia en decisión N° 282 de fecha 31 de mayo de 2005, determinó que el Artículo 23 de la Ley de Abogados, estableció, por vía de excepción, otorgar acción directa al abogado para que pueda demandar el pago de sus honorarios al condenado en costas. Sólo existe la limitación del 30 % del valor de lo litigado. Limitación prevista en el Código de Procedimiento Civil, lo que no excluye la regla general establecida en la referida norma que constituye a la parte victoriosa en el juicio en acreedor de las costas. Por tanto, le permite intimar su pago e incluido en éste los honorarios de abogados, sin que para ello sea necesario demostrar el pago previo a los profesionales del Derecho que intervinieron en el juicio representándolo o asistiéndolo. Ello es así, porque la acción que el legislador le concede al abogado, para demandar el cobro de sus honorarios profesionales a la parte perdidosa, no lo convierte en acreedor de las costas[255].

Igualmente, la Sala de Casación Civil en sentencia N° 41 de fecha 09 de marzo de 2010, expresó que la estimación e intimación de honorarios profesionales al condenado en costas, debe formularla, en principio, la propia parte, a quien pertenecen las costas de manera exclusiva; ahora bien, en el supuesto excepcional de que el abogado, que representó o asistió en el juicio a la parte gananciosa, desee intimar directamente el cobro al obligado debe intentar su acción en forma individual. Siempre que se dé el supuesto de que su cliente no le hubiese cancelado, pues de lo contrario se traduciría en un doble cobro de honorarios profesionales[256].

---

[254] J. Carlos Apitz B.: *Sistema de Costas Procesales y Honorarios Profesionales del Abogado. ...op.cit.*, p. 302.

[255] http://www.tsj.gov.ve/decisiones/scc/Mayo/RC-00282-310505-0310 40.htm

[256] http://tsj.gov/decisiones/Scc/Marzo/41-09032010.

En suma, la condena en costas contenida en la sentencia definitivamente firme y con el carácter de cosa juzgada, confiere un título ejecutivo al acreedor de las mismas; es decir, a la parte victoriosa en el juicio, para que pueda intimar directa y personalmente a la parte perdidosa condenada en costas los honorarios de sus abogados apoderados judiciales o asistentes, sin que sea necesario la demostración del previo pago a los profesionales del Derecho. Estos abogados también pueden demandar la intimación de sus honorarios a la parte perdidosa, en virtud de la acción directa conferida por el legislador cuando no los hayan percibido de su cliente; es decir, que tanto la parte como el abogado tienen la cualidad o legitimación activa para demandar el cobro de los honorarios.

D.   *Admisión de la demanda*

Una vez que el abogado o la parte victoriosa presenta la demanda por cobro de honorarios provenientes de la condena en costas contra la parte perdidosa en el juicio principal, el Tribunal a quien corresponda su conocimiento, previa distribución, deberá pronunciarse sobre su admisión dentro de los tres (03) días de despacho siguientes a la fecha de recibo del libelo de demanda. Se hace así, por aplicación analógica del Artículo 10 del Código de Procedimiento Civil. En este momento, el tribunal estudiará la demanda de conformidad con lo establecido en el Artículo 341 *eiusdem* y analizará que no sea contraria al orden público, que no menoscabe las buenas costumbres y/o, que no contraríe alguna disposición expresa de la Ley; además, verificará el cumplimiento de los presupuestos procesales de la pretensión para determinar la admisibilidad o no de la misma.

De tal forma que la determinación del juez de admitir o no una demanda de cobro de honorarios profesionales provenientes de la condena en costas, no puede depender de la opinión que de la procedibilidad de lo pedido tenga, o de las consideraciones que le merezca el fondo del litigio. Ello, en virtud de que el mismo aún no se ha trabado entre las partes interesadas en la causa, por cuanto, es la parte demandada, la única con aptitud y legitimación, cuyo fundamento se le otorga en el principio dispositivo que impera en el sistema procesal patrio, a quien le compete enervar la pretensión libelada.

Respecto a este punto, se puede afirmar que una demanda será contraria al orden público, cuando perjudique o infrinja gravemente normas generales que regulen u organicen la estructura de la sociedad; también será contraria si lesionare las buenas costumbres, o cuando se oponga a lo que racionalmente se considera bueno o lícito dentro de una sociedad; o también, si va en contra de una disposición legal, o cuando ésta haya prescrito expresamente la ilegalidad de ejercer una determinada acción, o cuando haya la imposibilidad para el juzgador de admitirla y sustanciarla.

Fuera de la verificación de aquellas tres circunstancias, lo más conveniente es admitir las demandas cuanto ha lugar en Derecho, para que sea la contraparte quien enerve o no la pretensión planteada, con lo cual se permite la trabazón de la *litis* y conseguir, con esto, una equilibrada y justa exposición de la verdad que lleve a tomar las decisiones más próximas al ideal de Justicia, que es buscado en las funciones jurisdiccionales.

Al respecto, conviene destacar el amplio poder que tiene el juez, como director del proceso, para declarar -en el procedimiento de intimación de honorarios por actuaciones judiciales- la inadmisibilidad de la demanda, en cualquier etapa del proceso; sobre todo, cuando se percata de que no están satisfechos los presupuestos procesales. Así, la Sala Constitucional del Tribunal Supremo de Justicia en decisión N° 1.618 de fecha 18 de agosto de 2004, se pronunció sobre un caso en el cual se denunció la inepta acumulación de pretensiones. Ello, en razón de que en el juicio de intimación y estimación de honorarios se reclamaron tanto honorarios judiciales como extrajudiciales, cuyo cobro se tramita por procedimientos distintos.

En tal sentido, la Sala Constitucional del Tribunal Supremo de Justicia, en decisión mencionada *supra*, dejó sentado que los jueces están autorizados para verificar en cualquier estado y grado de la causa incluso en etapa de ejecución o en la alzada el cumplimiento de los presupuestos procesales, aunque, en la oportunidad de admitir la demanda, el tribunal de la causa no hubiese advertido vicio alguno para la instauración del proceso[257].

En efecto, dentro de los presupuestos procesales, que en este especial procedimiento pudieran originar la inadmisibilidad de la demanda, pueden citarse los siguientes:

- Cuando se demande conjuntamente el cobro de honorarios profesionales por actuaciones judiciales y extrajudiciales, la demanda, en este caso, resultaría inadmisible por ser contraria a una disposición expresa de ley. De conformidad con lo establecido en el Artículo 78, del Código de Procedimiento Civil, ha de declararse inadmisible por existir inepta acumulación de pretensiones; ello, en razón de que los procedimientos para tramitar tales pretensiones son incompatibles, pues la demanda de cobro de honorarios causados por actuaciones judiciales se tramitan por el procedimiento especial objeto del presente estudio, a diferencia de la demanda de cobro de honorarios extrajudiciales que se tramitan por el juicio breve.

- La falta de cualidad por no haber acreditado la parte demandante su condición de acreedor de las costas de la parte victoriosa, y el de deudor de la parte perdidosa en el juicio donde se cumplieron las actuaciones judiciales, cuyo pago de honorarios profesionales se intiman al condenado en costas; para ello, tal como antes se expresó, debe acompañarse junto con el escrito libelar copia certificada de la sentencia contentiva de la condenatoria en costas y del auto que declaró su firmeza, así como de las referidas actuaciones judiciales.

En tal supuesto, aun cuando la falta de cualidad en el Código de Procedimiento Civil es considerada a tenor del Artículo 361 como una defensa de fondo, se constituye en una cuestión perentoria que debe ser resuelta como punto previo en la sentencia definitiva; por tanto, en el procedimiento propuesto, de darse el supuesto señalado, el juez debería declarar

---

[257]   http://www.tsj.gov.ve/decisiones/scon/Agosto/1618-180804.

la falta de cualidad en la oportunidad de pronunciarse sobre la admisión de la demanda. Este pronunciamiento evitaría el desgaste del órgano jurisdiccional al impedir el curso de un procedimiento, cuya demanda en la oportunidad de sentenciar devendrá en inadmisible.

Tal solución se corresponde con el nuevo diseño del proceso regulado en la Ley Orgánica de la Jurisdicción Contencioso Administrativa, cuyo Artículo 35 contempla, expresamente, como uno de los supuestos, para la declaratoria de inadmisibilidad de la demanda, el no acompañar los documentos indispensables para verificar su admisibilidad; además, encuentra fundamento en el hecho de que la cualidad para accionar es uno de los presupuestos procesales de la pretensión, cuya verificación de acuerdo con la jurisprudencia del Tribunal Supremo de Justicia debe efectuar el juez en la oportunidad de admitir la demanda.

Tal acción con la finalidad de que el proceso se instaure válidamente y en caso de no advertirlo, en esa oportunidad, está facultado para hacerlo aun de oficio en cualquier estado y grado de la causa. Dicho criterio ha sido establecido por la Sala Constitucional en diversas decisiones, a saber: N° 1930 del 14 de julio de 2003, expediente N° 02-1597; N° 3592 del 6 de diciembre de 2005, expediente N° 04-2584, ratificado en sentencias números 1193 del 22 de julio de 2008, expediente N° 07-0588, y 440 del 28 de abril de 2009, expediente N° 07-1674 y fue acogido por la Sala de Casación Civil en decisión N° 258 de fecha 20 de junio de 2011.

E.   *Intimación del demandado*

De estar cumplidos los presupuestos procesales de la demanda, el juez procederá a admitirla mediante un decreto de intimación en el cual declara la admisión de la demanda. Además, intimará al demandado para que, en un plazo de diez (10) días de despacho contados a partir de que conste en autos su intimación, pague las sumas estimadas en la demanda; o bien se oponga a la intimación o se acoja al derecho de retasa en este especial procedimiento.

Asimismo, se hará el apercibimiento de que, de no hacerlo, quedará firme el decreto intimatorio y las sumas estimadas por el abogado.

La intimación es la orden judicial que libra el tribunal al demandado mediante el correspondiente decreto. Ahora bien, el referido decreto de intimación es atemperado, en relación con el que se dicta en el procedimiento de intimación previsto en el Artículo 647 del Código de Procedimiento Civil, puesto que a diferencia de este último no requiere de motivación en los términos de una sentencia.

Ello debe entenderse en el sentido de que el decreto que se dicta conforme con el mencionado Artículo 647 *eiusdem* debe expresar, sucintamente, el conjunto de razones, hechos o circunstancias que, -una vez efectuado el análisis del libelo de demanda y del medio de prueba escrita acompañado de la misma- lo llevaron -como jurisdicente- a tener la convicción de la probable existencia del derecho reclamado por el actor. Por ende, deja expreso cuáles fueron los fundamentos que lo condujeron a decretar la intimación del presunto deudor.[258] Tal motivación no sería necesaria en el decreto que se debería dictar en el procedimiento especial de cobro de honorarios profesionales de abogado, puesto que la parte demandante cuenta con un título que es la sentencia definitivamente firme y con carácter de cosa juzgada contentiva de la condena en costas.

Así las cosas, el decreto de intimación que debe dictarse contendría los siguientes aspectos:

- El nombre del tribunal que lo dicta.

- El nombre, apellido y domicilio del demandante y del demandado.

- El monto de los honorarios estimados.

---

[258] Solís Dávila, Marcos. *Procedimiento por Intimación*. Vadell Hermanos Editores, Caracas 2006, p. 103.

- La intimación al demandado para que dentro de los diez (10) días contados a partir de que conste en autos su intimación, pague, se oponga a la intimación incoada en su contra, o se acoja al derecho de retasa, con el apercibimiento de que, de no hacerlo, quedará firme el decreto intimatorio y las sumas estimadas por el abogado.

- A los efectos de la práctica de la intimación se ordenará expedir copia certificada del escrito contentivo de la estimación de los honorarios efectuada por el abogado y del decreto de intimación.

Igualmente, la intimación debe hacerse personalmente y en forma expresa al demandado o a su apoderado judicial facultado expresamente para ello, sin que pueda operar la intimación tácita o presunta. En tal sentido, la Sala Constitucional del Tribunal Supremo de Justicia en decisión N° 18 de fecha 20 de enero de 2006, precisó la distinción entre la citación y la intimación y señaló que, en este tipo de procedimiento de cobro de honorarios de abogado, no pueden asimilarse ambas figuras. Por el contrario, se pretende que al otorgarse al representante judicial del demandado la facultad para darse por citado, puede, a su vez, darse por intimado en su nombre. Y esta última facultad debe ser expresa, en razón de las consecuencias patrimoniales que genera para la parte demandada la firmeza de la intimación. Así, la referida decisión puntualizó que, conforme con lo dispuesto en el Artículo 25 de la Ley de Abogados, la intimación sólo puede practicarse en cabeza del demandado o en la del apoderado judicial si tiene facultad para recibirla[259].

Asimismo, la intimación al pago de los honorarios profesionales no puede hacerse al defensor *ad litem* del demandado designado en el juicio principal en el cual se causaron los honorarios reclamados, en virtud de que sus facultades son restringidas y limitadas para dicho proceso.

---

[259] http://www.tsj.gov.ve/decisiones/scon/Enero/18-200106-04-1651.htm

En el supuesto de que no sea posible localizar al demandado en su domicilio o residencia, y de que el mismo no tenga apoderado judicial constituido, la intimación podrá practicarse por medio de carteles, de conformidad con lo dispuesto en el Artículo 223 del Código de Procedimiento Civil. Tal posibilidad surge dada la naturaleza y regulación especial del procedimiento para el cobro de honorarios de abogados provenientes de la condena en costas. Ante la situación de imposibilidad de ubicación, la intimación se practica, entonces, por el Artículo 223 *ejusdem* y no a tenor del Artículo 650 *ibídem*, pues esta norma es propia y específica del procedimiento de intimación.

Así lo señaló la Sala de Casación Civil en sentencia N° 486 de fecha 22 de julio de 2005, en la cual estableció la errónea aplicación del Artículo 650 procesal para la práctica de la intimación en un procedimiento de estimación e intimación de honorarios profesionales. Ello, en virtud de que el juez *a quo* había ordenado la publicación de cuatro carteles como lo indica el referido Artículo 650 *ibídem* en vez de uno como lo dice el Artículo 223 *eiusdem*[260].

En el procedimiento de cobro de honorarios de abogado por actuaciones judiciales la intimación del demandado produce varios efectos los cuales se considerarán a continuación:

1.- El intimado queda en pleno conocimiento del decreto de intimación dictado en su contra, es decir, de la existencia de la orden judicial conforme con la cual, apercibido de ejecución, debe pagar al demandante los honorarios profesionales señalados en el decreto; o, en su defecto, formular oposición o acogerse al derecho de retasa, por lo que no será necesario intimarlo nuevamente para otro acto del proceso.

2.- Se abre el lapso de diez (10) días de despacho siguientes a que conste en autos la intimación para que el demandado haga efectivo el pago de los honorarios profesionales señalados en el decreto intimatorio, o acredite haber pagado los mismos.

---

[260] http://www.tsj.gov.ve/decisiones/scc/Julio/RC-00486-220705.

3.- A partir de que conste en autos la intimación, comienza el lapso de diez (10) días de despacho para que el demandado se acoja al derecho de retasa.

4.-Transcurrido el referido lapso de intimación de diez (10) días de despacho sin que el demandado haya dado cumplimiento a lo ordenado en el decreto, ni se haya acogido al derecho de retasa, quedará firme el decreto intimatorio y las sumas estimadas por el abogado.

De los efectos señalados anteriormente solo se comentan los supuestos referidos a partir del numeral dos (02) pues el uno (01) se explica por sí solo.

- Pago de los honorarios

Tal como antes se indicó, la intimación del demandado tiene como principal efecto la orden judicial de pago que libra el tribunal en su contra; en tal virtud, el demandado puede excepcionarse, con el alegato de haber efectuado dicho pago, lo cual deberá demostrar mediante prueba fehaciente.

Al respecto, cabe destacar el supuesto que se produce cuando el demandado demuestra el pago de la obligación, pero, por un monto menor al reclamado en el escrito de estimación e intimación de honorarios -pago parcial de los honorarios reclamados-. En este supuesto, la obligación se libera sólo parcialmente y en cuanto al monto restante o remanente que queda de retasar el monto cancelado del monto reclamado, el profesional letrado seguirá teniendo derecho a percibir honorarios por el faltante o remanente.[261]

- Ausencia de oposición a la intimación y de solicitud de retasa

La no comparecencia del demandado dentro del lapso de los diez (10) días de despacho siguientes a su intimación, o su comparecencia extemporánea; es decir, la ausencia de opo-

---

[261] Humberto Enrique Tercero Bello Tabares: *Procedimientos judiciales para el cobro de los honorarios profesionales de abogados y Costas Procesales*. Ediciones Liber, Caracas 2006, p. 207.

sición y la no solicitud del derecho de retasa tienen el efecto señalado expresamente en la comentada sentencia de la Sala Constitucional N° 1393 del 14 de agosto de 2008, a saber: "los honorarios estimados quedarán firmes"; por tanto, se debe continuar con la ejecución correspondiente conforme con lo dispuesto en el Artículo 524 del Código de Procedimiento Civil; ello supone que el demandante debe solicitar la ejecución voluntaria y el tribunal decretarla dentro de los tres días siguientes a dicha solicitud.

Tal efecto, lo señala también Humberto Cuenca al expresar "Si el intimado deja transcurrir el plazo de diez días sin hacer objeción, la estimación se hace firme, debe pagar su monto y, por tanto, precluye el derecho de retasa."[262]

Así las cosas, el no acogerse al derecho de retasa el demandado hace nugatoria la única fase que debería de tener este procedimiento, llamada estimativa o ejecutiva, pues no existen cantidades que retasar ya que las estimadas han quedado definitivamente firmes.

F.   *Propuesta concreta: única fase estimativa o ejecutiva*

Conforme con el procedimiento analizado, se propone que la oposición que pueda formular el demandado al decreto intimatorio dentro de los diez (10) días de despacho siguientes a su intimación, vaya dirigida ya no a enervar el derecho del demandante a cobrar los honorarios judiciales, sino a atacar el monto. Ello en razón de que ya existe una sentencia que ha declarado el derecho de la parte victoriosa en el juicio a cobrar las costas y, dentro de ellas, uno de sus rubros más importantes que está incorporado, está referido a los honorarios del abogado que actuó en su defensa.

En efecto, la oposición al decreto intimatorio formulada en tiempo oportuno por el demandado comprende la impugnación de los montos de las partidas señaladas en el escrito de estimación. Ello trae como consecuencia que el decreto de intimación pierda eficacia, quede sin efecto. Se evita, entonces,

---

[262]   H. Cuenca: *Derecho Procesal Civil*, Tomo I ....*op. cit.* p. 407.

que se proceda a la ejecución forzosa, y les corresponde a los jueces retasadores designados conforme con la ley, determinar el *quantum* de los honorarios profesionales que debe cobrar el demandante.

Así las cosas, puede afirmarse que la oposición a la intimación involucra necesariamente el ejercicio del derecho a la retasa; ello puede inferirse de lo indicado en la referida sentencia N° 1.393 del 14 de agosto de 2008 proferida por la Sala Constitucional, en la cual se indicó que una vez que el abogado estima las actuaciones, cuyo pago de honorarios demanda, el Tribunal intimará al deudor en la forma ordinaria para que dentro de los diez (10) días siguientes a que conste en autos su intimación se acoja al derecho de retasa. En caso de que el demandado no haga uso de ese derecho los honorarios estimados quedarán firmes. Pero, de acogerse a la retasa se procederá a la designación de los jueces retasadores y, posteriormente, se pronunciará la decisión correspondiente.

Esta única fase estimativa o ejecutiva se abrirá única y exclusivamente si el demandado se acoge a la retasa, dentro de los diez (10) días de despacho siguientes a su intimación, de conformidad con lo previsto en el Artículo 25 de la Ley de Abogados. De no hacerlo, tal como se ha iterado en el discurrir del texto, el decreto intimatorio quedará firme, y se pasará a la fase de ejecución de sentencia de conformidad con lo previsto en el Artículo 523 y siguientes del Código de Procedimiento Civil.

Al respecto, la autora de este texto propone que la Sala Constitucional del Tribunal Supremo de Justicia incorpore en su jurisprudencia el procedimiento para el cobro de honorarios de abogado provenientes de la condena en costas. Se plantea que la estructuración sea en una única fase denominada estimativa o de retasa y que se suprima la fase declarativa con la que se inicia actualmente; ello garantizaría la cosa juzgada de la sentencia contentiva de la condena, así como la tutela judicial efectiva, y se evitaría el exceso de jurisdicción que supone la aplicación del procedimiento que hoy se emplea para esta hipótesis.

La retasa es la impugnación de la estimación de los honorarios que hace la parte condenada en costas por considerarlos exagerados. Es un derecho de la parte condenada en costas. Asimismo, es obligatoria, de conformidad con el Artículo 26 de la Ley de Abogados, para quienes representen en juicio a personas morales de carácter público, derechos o intereses de menores, entredichos, inhabilitados, no presentes o presuntos, o declarados ausentes. En estos casos a falta de solicitud, el tribunal debe acordarla de oficio.[263]

De abrirse esta fase, corresponderá al tribunal retasador constituido por sus tres miembros -el juez de la causa y los dos abogados designados como retasadores-, el desarrollo de la única competencia que legalmente tiene establecida; esto es, estimar si el valor que el abogado ha fijado a sus actuaciones es aceptable o no, y en caso de considerarlo exagerado, reducirlo al monto que estimen justo y equitativo.[264]

Los jueces retasadores serán nombrados y juramentados por el tribunal, de acuerdo con lo dispuesto en los Artículos 27 y 28 de la Ley de Abogados. El Tribunal retasador tendrá como parámetros para establecer el *quantum* de los honorarios, por un lado, la escala axiológica descrita en el Código de Ética del Abogado venezolano y, por el otro, el dictamen de su conciencia, y decidirán la justeza de los honorarios a que aspira el abogado intimante por el ejercicio de su profesión. Así, la decisión de retasa no juzga sobre hechos ni sobre Derecho, sino sobre los valores éticos integrativos del ejercicio profesional y, particularmente, sobre el *quantum* que, con base en tales valores, debe dársele a determinadas actuaciones cumplidas por el abogado.[265]

---

263 A. Réngel R.: *Tratado de Derecho Procesal Civil Venezolano.* Tomo II.... *op. cit.*, p. 516.

264 J. Carlos Apitz B.: *Sistema de Costas Procesales y Honorarios Profesionales del Abogado. ...op. cit.*, p. 361.

265 J. Carlos Apitz B.: *Sistema de Costas Procesales y Honorarios Profesionales del Abogado. ...op. cit.*, p. 362.

En efecto, si bien el Artículo 286 del Código de Procedimiento Civil exime a la parte condenada en costas de pagar por honorarios de los abogados de la contraria, lo que exceda del 30 % del valor de lo litigado, no obstante, el Artículo 27 de la Ley de Abogados le concede el derecho de retasa y de hacer fijar por el tribunal retasador el monto justo de dichos honorarios. Se trata, pues de la fijación del *quantum*, pero no de la decisión acerca de si existe o no el derecho de cobrar honorarios.[266] Los montos acordados por un tribunal retasador, corresponden a un juicio de valor lo cual escapa al ámbito del Derecho[267].

Realizada la retasa, los honorarios que el tribunal determine que debe pagar el demandado, en todo caso, no excederán del 30 % del valor de lo litigado en el juicio en el que se causaron las costas. Dicho valor está referido al valor de la demanda; es decir, a la estimación de la cuantía expresada en el escrito libelar, la cual quedará firme en el juicio donde se causaron los honorarios profesionales intimados, si no fue impugnada de conformidad con lo dispuesto en el Artículo 38 procesal. O también, si tal impugnación es declarada improcedente en la sentencia definitiva, por lo que mal puede entenderse como valor de lo litigado el monto de la condena establecido en la sentencia definitiva, cuando el juicio principal tuviera por objeto el pago de indemnizaciones por ejemplo por daño moral.

Así lo estableció la Sala de Casación Civil del Tribunal Supremo de Justicia en sentencia N° 576 de fecha 26 de julio de 2007, en la cual señaló que el valor de lo litigado en relación con el límite para el cobro de los honorarios profesionales intimados al condenado en costas, será aquel que es plasmado en la demanda; y por mandato procesal debe estar estimado en el escrito libelar, y que el demandado si está en

---

[266] A. Réngel R.: *Tratado de Derecho Procesal Civil Venezolano.* Tomo II, *...op. cit.*, pp. 515-516.

[267] http://www.tsj.gov.ve/decisiones/scon/Julio/2522- 2012206-06.

desacuerdo puede impugnar en la oportunidad de dar contestación a la demanda[268].

G. *Decisión del tribunal de retasa*

Tal como lo establece el Artículo 29 de la Ley de Abogados, el tribunal retasador dictará la decisión correspondiente, mediante la cual quedará fijado el *quantum* de los honorarios intimados, dentro de los ocho (08) días hábiles siguientes a partir de su constitución. La referida decisión es inapelable a tenor de lo dispuesto en el último aparte del Artículo 28 de la Ley de Abogados. La razón de la referida inapelabilidad fue expuesta por la Sala Constitucional en decisión N° 1.717 de fecha 10 de noviembre de 2008, en la cual expresó que las desavenencias con el *quantum*, no son cuestiones de Derecho, sino de criterio valorativo; por tanto, al no tener dicha determinación carácter jurídico mal podría el juez de alzada corregir los juicios de valor de otros con los suyos propios, los cuales resultarían, en todo caso, tan cuestionables como los emitidos por los retasadores[269].

Así las cosas, el pronunciamiento sobre el *quantum* de los honorarios intimados que dicta el tribunal retasador, por constituir, tal como antes se expresó, un juicio de valor, no es impugnable mediante el recurso de apelación. Así lo disponen las reglas del Código de Procedimiento Civil y, en consecuencia, tampoco dicho fallo es susceptible de poder ser revisado en casación, y menos aún por la vía extraordinaria del amparo.

Sin embargo, las decisiones proferidas durante la etapa de retasa distintas a la que establece el valor de las actuaciones estimadas, sí pueden ser apeladas, según el agravio y el carácter que tengan conforme con las reglas ordinarias establecidas en el Código de Procedimiento Civil.

---

268 http://www.tsj.gov.ve/decisiones/scc/Julio/RC-00576-260707.
269 http://www.tsj.gov.ve/decisiones/scon/Noviembre/1717-101108-08.

Tal sería el caso de las resoluciones que adopte el tribunal para designar a los retasadores de conformidad con lo dispuesto en los Artículos 27 y 28 de la Ley de Abogados; así lo estableció la Sala de Casación Civil en decisión N° 624 de fecha 15 de julio de 2004[270].

3. *Naturaleza jurídica del procedimiento cuya modificación se propone*

Para establecer la naturaleza jurídica del procedimiento que se propone, debe considerarse en primer término, tal como antes se indicó, que la pretensión de la parte actora se fundamenta en la sentencia definitivamente firme y con carácter de cosa juzgada, contentiva de la condena en costas. Ella confiere un título ejecutivo al acreedor de las mismas; es decir, se lo otorga a la parte victoriosa en el juicio, para que pueda intimar directa y personalmente, a la parte perdidosa, los honorarios de sus abogados apoderados judiciales o asistentes. Demás está señalar que, a ellos también, el legislador les confiere acción personal y directa para cobrar sus honorarios al condenado en costas.

Tal aseveración es acogida por la Sala Plena del Tribunal Supremo de Justicia en Sala Especial, en sentencia N° 47, de fecha 04 de noviembre de 2010, en la cual expresó que la referida acción mediante la cual puede demandarse el cobro de los honorarios profesionales a la parte condenada en costas, califica como un cobro de bolívares vía intimación, cuyo título es la sentencia definitivamente firme contentiva de la condena en costas a favor de los accionantes[271].

En efecto, la referida sentencia contentiva de la condena en costas es instrumento público que prueba de manera clara y cierta la obligación que tiene la parte perdidosa en el juicio principal de pagar las costas a la parte gananciosa; por tanto, los honorarios profesionales que son uno de los rubros que conforman las costas.

---

270 http://tsj.gov/decisiones/Scc/Julio/624-150704-04.
271 http://www.tsj.gov.ve/decisiones/tplen2/Noviembre/47-41110-2010.

194

De lo expuesto, se puede afirmar que el procedimiento propuesto es de naturaleza **ejecutiva**, pues tal como se afirma al inicio de la propuesta, el derecho al cobro de los honorarios no se encuentra discutido en virtud de que proviene de la aludida condena.

De igual forma, el procedimiento propuesto es de naturaleza eminentemente **civil**, por lo cual el conocimiento y tramitación de las demandas propuestas por cobro de honorarios profesionales, fundamentados en la condena en costas, corresponde al tribunal civil del domicilio del demandado que resulte competente por la cuantía. Ello, independientemente, de que la condena en costas, de donde provienen los honorarios intimados, esté contenida, por ejemplo, en una sentencia con carácter de cosa juzgada proferida en una causa laboral, penal o del contencioso administrativa.

Así lo expresó la Sala Plena del Tribunal Supremo de Justicia en Sala Especial, en la precitada sentencia N° 47, de fecha 04 de noviembre de 2010, al resolver un conflicto negativo de competencia. Tal conflicto surgió entre el Juzgado de Primera Instancia de Sustanciación, Mediación y Ejecución del Trabajo de la Circunscripción Judicial del estado Anzoátegui y el Juzgado de Primera Instancia en lo Civil, Mercantil, Agrario y del Tránsito de esa Circunscripción Judicial, en un juicio de intimación de honorarios profesionales provenientes de la condena en costas, contenida en sentencias definitivamente firmes, que fueron dictadas en un juicio por prestaciones sociales y enfermedad profesional. En dicha causa, declaró competente al Juzgado de Primera Instancia en lo Civil.

De lo expresado anteriormente, permite afirmar que también el aludido procedimiento es **especial**; ello, en virtud de que la regulación de su tramitación se extrae de las normas contenidas en la Ley de Abogados y su Reglamento, así como de la jurisprudencia proferida por el Tribunal Supremo de Justicia. Cada una de ellas, en cuanto normas y jurisprudencia, permitieron realizar la propuesta de modificación que se presenta con las características antes apuntadas que refuerzan la naturaleza ejecutiva y civil ya indicada.

CONCLUSIONES

La naturaleza jurídica de la cosa juzgada es procesal y, en tal virtud, es el efecto jurídico del proceso conforme con el cual lo resuelto en el mismo mediante sentencia firme no puede volver a ser juzgado. De esta manera, se impulsa el deber de garantizar la seguridad jurídica, con lo cual se va a preservar el orden social. Desde esa perspectiva, adquiere el estatus de instituto procesal de carácter público. En el ordenamiento jurídico patrio la cosa juzgada tiene rango de garantía constitucional de conformidad con el ordinal 7° del Artículo 49 de la Constitución de la República Bolivariana de Venezuela. En él se recoge la antigua regla de *non bis in ídem*, traducida en ese derecho que tiene toda persona a no ser juzgada nuevamente por circunstancias que hubiesen sido objeto de una decisión en un juicio debido.

Asimismo, el estudio de la cosa juzgada en sus dos vertientes formal y material permitió a la autora concluir que la utilidad de tal distinción descansa en que la cosa juzgada formal, es intraprocesal. Esta afirmación se hace, al margen de los argumentos sostenidos por parte de la doctrina moderna entre los que destaca la posición de Juan Montero Aroca. Él cuestiona tal clasificación de la cosa juzgada y afirma que sólo existe la cosa juzgada material, pues equipara la cosa juzgada formal a la firmeza de las resoluciones.

No obstante, se colige que intraprocesal, dada la vinculación que producen tanto para las partes como para el juez las decisiones interlocutorias que se profieren en el decurso del proceso, pues, una vez que alcanza firmeza, que va más allá de su inimpugnabilidad, es decir, de la perdida de la posibilidad de recurrirlas, entonces, se traduce en la garantía de seguridad jurídica que representa para los justiciables que el proceso continuará su curso hasta la sentencia definitiva.

Y será así, porque se afirma la garantí de que el juez no retrotraerá el juicio a estadios anteriores para pronunciarse sobre cuestiones ya resueltas. Tampoco, las partes pueden volver a proponer las cuestiones que fueron decididas dada la preclusión de la mismas; entonces, mientras que la cosa juzgada formal es intraprocesal, la cosa juzgada material es extra procesal; es decir sus efectos los produce la sentencia definitivamente firme, dado que resuelve el mérito de la controversia fuera del proceso. Se dicta el veredicto y se garantiza la invariabilidad del fallo frente a un posterior proceso que puede iniciarse sobre la misma materia controvertida, que fue resuelta en el juicio primigenio.

El efecto negativo de la cosa juzgada material previsto en el Artículo 272 del Código de Procedimiento Civil, supone la exclusión de toda decisión del órgano jurisdiccional cuando le es sometida a su conocimiento una controversia entre las mismas partes y con el mismo objeto, que haya sido resuelta en el proceso primigenio mediante sentencia firme.

La parte demandada puede alegar dicho efecto como cuestión previa, y como defensa perentoria, no solo en la contestación de la demanda a tenor del Artículo 361 *eiusdem*, sino también hasta la presentación de los informes en segunda instancia de conformidad con la jurisprudencia; por tanto, puede afirmarse que realmente la eficacia negativa de la cosa juzgada material es un óbice procesal, dado que, su presencia en un caso concreto, imposibilita que se pueda llegar a una sentencia válida sobre el fondo del litigio. Normalmente, en la práctica se emplea como excepción de cosa juzgada a tenor del Artículo 346 ordinal 9 procesal; no obstante, en las legislaciones modernas el juez puede declararla de oficio en cualquier estado y grado de la causa incluso en la audiencia preliminar.

El efecto positivo o prejudicial regulado en el Artículo 273 procesal no impide un pronunciamiento judicial sobre el fondo del asunto que es objeto del nuevo proceso instaurado, puesto que no existe identidad objetiva plena entre la materia juzgada y la sometida al nuevo proceso, sino que hay una conexión objetiva entre ambas por existir un nexo de prejudicialidad entre las dos, siempre y cuando exista identidad subjetiva. Es decir, identidad jurídica entre las partes del proceso primigenio con el posterior. Dicho efecto puede ser alegado por las partes hasta la oportunidad de presentar informes en segunda instancia, mediante la consignación de la copia certificada de la correspondiente sentencia con el auto que declaró su firmeza.

Ahora bien, para determinar el alcance de los efectos de la cosa juzgada material en relación con las partes del proceso y con los terceros, se consideraron los límites objetivos y subjetivos de la misma. En ese sentido, se precisa lo siguiente:

Los límites objetivos se definen por los requisitos objetivos de la pretensión, es decir, por el objeto y la causa *petendi*. Sobre el objeto de la pretensión el examen de la doctrina española, así como el análisis de la previsión contenida al respecto en la Ley de Enjuiciamiento Civil, conforme con la cual el mismo comprende tanto lo deducido en el juicio por las partes como lo deducible, permitió evidenciar la utilidad práctica de dicha máxima. Empero, hay que decir que, aun cuando no está expresamente en el Código de Procedimiento Civil, su aplicación práctica ofrece a los jueces un criterio que les permitiría diferenciar cuando se está ante una nueva pretensión a los efectos de la cosa juzgada.

Para ello, ha de apreciar, efectivamente, si se trata de modificaciones temporales surgidas con posterioridad a la preclusión de las alegaciones en el proceso anterior, o si por el contrario son alegaciones que pudieron ser formuladas en el proceso primigenio y no se hicieron en su oportunidad, lo que evitaría la reiteración indefinida de juicios.

Respectó a la causa *petendi* se precisó que ella está conformada, exclusivamente, por hechos, y, en tal virtud, el cambio de calificación jurídica de los hechos deducidos en el proceso anterior si éstos permanecen inalterables, no es óbice para que la cosa juzgada despliegue sus efectos.

Asimismo, se determinó que el objeto de la cosa juzgada debe ser entendido conforme con el principio de la unidad del fallo. De modo que cuando el dispositivo de la sentencia, por sí solo, sea insuficiente para comprender el alcance de la declaratoria contenida en el mismo, es necesario acudir a los argumentos y razonamientos expuestos en la motiva de la decisión. En ellos se va a encontrar la causa de la pretensión, que, apreciada conjuntamente con el objeto de ésta, permite al juez establecer la identidad objetiva entre la pretensión resuelta por la sentencia con fuerza de cosa juzgada y la pretensión que se aspire a deducir en el nuevo proceso.

Por lo que respecta a los límites subjetivos de la cosa juzgada ellos se circunscriben a las partes del proceso, es decir, al demandante y el demandado. En tal sentido, se precisó que la identidad subjetiva de las partes del proceso primigenio, con las del proceso posterior responde a la identidad jurídica de los sujetos, con independencia de la posición que ocupen en los referidos juicios. La identidad de ellos no podrá romperse por el hecho de que en el proceso posterior no intervengan todos los sujetos que participaron en el primero o porque se incorpore a una nueva persona como actor o demandado con la finalidad de eludir los efectos de la cosa juzgada.

El alcance de los efectos de la cosa juzgada respecto a las partes del proceso fue estudiado en supuestos específicos como: la confesión ficta de la parte demandada; el litisconsorcio necesario; el demandado reconviniente respecto de la pretensión reconvencional; y la sucesión procesal cuando se verifica a causa de la sucesión en la parte por causa de muerte, la cesión de los derechos litigiosos y el denominado *laudatio* o *nominatio auctoris* mediante la intervención provocada del tercero.

Con el análisis de las situaciones referidas, se puso de relieve la eficacia que tiene la cosa juzgada material respecto del demandado contumaz; igualmente, se destacó la importancia que tiene la adecuada conformación de la relación jurídica procesal en los casos de litisconsorcio pasivo necesario, ya que el cambio jurídico pretendido sólo puede producir efectos respecto de todos lo que debieron ser litisconsortes. De la misma manera, respecto de la reconvención se pudo evidenciar la conveniencia de permitirla contra otros sujetos distintos a los demandantes. Ello, siempre que puedan ser considerados *litis-consortes* voluntarios o necesarios del actor reconvenido por su relación con el objeto de la demanda reconvencional. Esta permisión resultaría en beneficio de la tutela judicial efectiva al impedir que transiten juicios sin la participación de terceros con interés directo en el mismo.

Asimismo, se puso de relieve que los efectos de la cosa juzgada se extienden a los herederos de la parte que, inicialmente, es sujeto de la relación procesal cuando la muerte de ésta es acaecida en el decurso del proceso; de la misma manera, se precisa también que alcanzan al cesionario de los derechos litigiosos quien adquiere la condición de parte en sustitución del cedente cuando la cesión es aceptada por la contraparte.

También se asevera que la legislación procesal patria no regula la llamada laudatio o *nominatio auctoris,* como un supuesto de sucesión procesal referido al caso del poseedor arrendatario o usufructuario que detente el inmueble con el carácter de poseedor inmediato. Esto ocurre cuando es demandado por un sujeto que pretende ser el propietario del bien o alega tener un derecho sobre el mismo. En la legislación española es diferente pues lo incorpora expresamente al permitir que el demandado pueda llamar al propietario al proceso para que adquiera la condición de parte y una vez que éste comparezca solicite al juez su extromisión del juicio.

De igual forma, se estableció que los referidos efectos de la cosa juzgada alcanzan excepcionalmente a los terceros con un interés cualificado y directo en las resultas del juicio sin que califiquen de litis consorcio necesario; así como a los terceros con interés indirecto o reflejo dada la conexión de la relación jurídica de ellos con la relación jurídica sobre la cual la sentencia se ha pronunciado.

Por otra parte, sobre la base de la nueva concepción constitucional del proceso como instrumento para la realización de la Justicia se concluye que la cosa juzgada ya no puede ser considerada como una presunción de verdad absoluta. Por el contrario, ha de comprenderse que la misma tiene un valor relativo, en razón de que la sentencia definitivamente firme cuando es dictada en un juicio donde resulten violados los derechos a la defensa y al debido proceso de las partes no puede estar investida de cosa juzgada.

También tendrá valor relativo, cuando fuera proferida con apariencia de legalidad, pero en el fondo ha sido producto de maquinaciones fraudulentas de una de las partes en perjuicio de la otra o de ambas en contra de un tercero; igualmente, tendrá esa relatividad cuando es dictada con insuficiencias de pruebas dada la ausencia de conocimiento científico o de la prueba idónea para trasladar al proceso los hechos que se pretenden demostrar.

Para ello, el ordenamiento jurídico patrio ha incorporado mecanismos como la invalidación, el amparo, la revisión constitucional y la declaratoria de fraude procesal que permiten destruir los efectos de una sentencia definitivamente firme cuando ha sido obtenida en los supuestos mencionados. Tales mecanismos, lejos de debilitar el carácter constitucional de la cosa juzgada, la fortalecen pues permite que el proceso alcance su fin: la realización de justicia. En ese sentido, se declara la necesidad de ampliar las causales que existen para demandar la invalidación de la sentencia definitivamente firme. Así como se han de incorporar otros supuestos previstos tanto en la legislación española como en la colombiana tales como: el fraude en relación con todo el proceso, y de la prueba no producida en el proceso primigenio por caso fortuito o fuerza mayor.

Respecto de las costas procesales, como efecto económico del proceso, se aprecia que han sido definidas por la doctrina y la jurisprudencia en atención a su contenido; es decir, a los conceptos que las conforman, a saber: los costos o gastos relativos a los desembolsos necesarios de dinero que hacen las partes con motivo del inicio, sustanciación y conclusión del proceso, así como los honorarios de los abogados apoderados o asistentes.

Por ello, con la finalidad de preservar la integridad patrimonial del vencedor en el juicio, el Derecho Procesal Civil ha desarrollado el mecanismo de la condena en costas, conforme con lo cual es deber de los jueces condenar en costas a la parte que resulte totalmente vencida en el proceso o en una incidencia. Una vez que la sentencia contentiva de la condenatoria en costas adquiere el carácter de cosa juzgada, dicho fallo constituye el título ejecutivo que ostenta la parte gananciosa en el juicio para hacer efectivo el derecho que tiene de cobrar a la parte condenada en costas los honorarios profesionales de su abogado apoderado o asistente; por su parte, los abogados también tienen acción directa para intimar el pago de los mismos, si no les han sido cancelados por la parte victoriosa.

La sentencia que contiene la condena en costas es de naturaleza mixta por ser: declarativa, constitutiva y de condena. Es *declarativa* en razón de que el pronunciamiento del juez condenando en costas, en sí mismo, supone una declaración del derecho de la parte gananciosa al cobro de las costas; es *constitutiva* debido a que crea el derecho de la parte vencedora en el juicio de cobrar las costas al vencido, derecho que surge con la autoridad de la cosa juzgada de la sentencia que contiene tal pronunciamiento; con ello se configura como título ejecutivo, que contiene el reconocimiento del derecho de la parte gananciosa en el proceso a percibir las costas procesales y, por supuesto, los honorarios profesionales que forman parte de éstas, y lo convierten en acreedor de las mismas frente al vencido, quien a su vez tiene la obligación de pagarlas, pero es indispensable, por ello, que la condena en costas se haga de manera expresa en el dispositivo de fallo, por lo que adquiere su atributo de sentencia de *condena*.

Se ratifica que es de *condena*, pues a tenor de lo dispuesto en el Artículo 274 del Código de Procedimiento Civil, el juez impone a la parte que resulte vencida en el proceso o en una incidencia, el cumplimiento de una obligación de hacer, que no es otra que la de pagar las costas a la parte gananciosa.

Por último, una vez analizado el procedimiento por el cual actualmente se tramita la intimación de honorarios profesionales provenientes de actuaciones judiciales, la autora considera que su aplicación resulta adecuada, cuando el cobro de los honorarios es demandado al propio cliente; no obstante, para el supuesto de la intimación de honorarios profesionales, al condenado en costas, resulta un exceso de jurisdicción, pues con la sentencia que dictan los tribunales en la llamada primera fase, en la que se declara el derecho del abogado al cobro de sus honorarios, el órgano jurisdiccional se vuelve a pronunciar sobre lo ya resuelto en el fallo contentivo de la condena en costas; con ello, se está vulnerando el efecto negativo de la cosa juzgada, así como su eficacia, por lo que se propone una modificación de dicho procedimiento.

Se hace una propuesta modificativa que se concreta en que el procedimiento esté compuesto por una sola fase: estimativa o ejecutiva. Ella se abriría si la parte demandada se acoge al derecho de retasa, pues, de lo contrario, las sumas estimadas por el abogado o la parte demandante, quedarían firmes, y se procedería conforme con las reglas que regulan la ejecución de sentencia, y quedaría suprimida la fase declarativa.

Dicha propuesta responde a la garantía jurisdiccional de la Tutela Judicial efectiva establecida en el Artículo 26 constitucional, cuando permite que la parte acreedora de las costas o, en su defecto, su abogado apoderado o asistente en el juicio principal donde se causaron las mismas, pueda intimar a la parte perdidosa los honorarios provenientes de dicha condena. Ese cobro se hará mediante un procedimiento idóneo, eficaz que haga posible la satisfacción de la acreencia existente en el fallo definitivamente firme y con carácter de cosa juzgada. En ella ha de estar contenida, inconcusamente, la condena en costas, que es el título ejecutivo en que se fundamenta el cobro demandado.

REFERENCIA BIBLIOGRÁFICA

ACHÓN B., José Mª. *Las costas procesales y las denominadas juras de cuentas*. Bosch Editor. Barcelona, España 2008.

ALSINA, Hugo. Fundamentos de Derecho Procesal Volumen 4. Editorial Jurídica Universitaria. México 2003.

ANDUEZA ACUÑA, José Guillermo. La Jurisdicción constitucional en el Derecho Venezolano. Universidad Central de Venezuela. Caracas 1974.

APITZ, Juan Carlos. *Las costas procesales y los honorarios profesionales de los abogados*. Editorial Jurídica Alva, S.R.L. Caracas 2000.

_____. *Sistema de costas procesales y honorarios profesionales del abogado*. Ediciones Homero. Caracas 2008.

BELLO TABARES, Humberto. *Procedimientos judiciales para el cobro de los honorarios profesionales de abogados y costas procesales*. Ediciones Liber. Caracas 2005.

_____. *Procedimientos judiciales para el cobro de los honorarios profesionales de abogados y costas procesales*. Ediciones Liber. Caracas 2006.

BELLO TABARES, Humberto E. T. y JIMÉNEZ RA

MOS, Dorgi. *El fraude procesal y la conducta de las partes como prueba del fraude*. Livrosca C.A. Caracas 2003.

_____. *Tutela judicial efectiva y otras garantías constitucionales procesales*. 2ª Edición. Ediciones Paredes. Caracas 2006.

BORJAS, Arminio. *Comentarios al Código de Procedimiento Civil venezolano*. Tomo II. Librería Piñango. Caracas 1979.

BREWER–CARÍAS, Allan R. *El control concentrado de la constitucionalidad de las leyes*. Editorial Jurídica Venezolana/Universidad Católica del Táchira. Caracas 1994.

CALAZA LÓPEZ, Sonia. *La cosa juzgada*. Editorial La Ley. España 2009.

CARNELUTTI, Francesco. *Instituciones de Derecho Procesal Civil*. Harla S.A., México 1997.

CASAL H., Jesús María. *Constitución y Justicia Constitucional*. Universidad Católica Andrés Bello. Caracas 2004.

CHIOVENDA, Giuseppe. *Curso de Derecho Procesal Civil*. Editorial Mexicana. México 1997.

Código Procesal Civil Modelo para Iberoamérica. Recuperado el 20 de enero de 2018. Disponible:

http://www.cejamericas.org/portal/indez.php/en/virtual-library/vir-tual-library/docdetails/2152-el-codigo-procesal-civil-modelo-para-iberoamerica.

COUTURE, Eduardo J. *Fundamentos del Derecho Procesal Civil*, Editorial Atenea. Caracas, Venezuela 2007.

CUENCA, Humberto. *Derecho Procesal Civil*. Tomo I. Ediciones de la Biblioteca. Caracas 2005.

CUENCA ESPINOZA, Leoncio Edilberto. *Revisión de las decisiones judiciales como mecanismo de control de constitucionalidad en Venezuela*. Ediciones Paredes. Venezuela 2007.

_____. *Las cuestiones previas*. Librería J. Rincón. Barquisimeto, Venezuela 2010.

DE LA OLIVA SANTOS, Andrés. *Objeto del proceso y cosa juzgada en el Proceso Civil*. Monografía. Editorial Arazandi, S.A. Navarra 2005.

DE LA ROCHA GARCÍA, Ernesto. *El abogado y el procurador en sus actuaciones en los procedimientos y trámites de la nueva Ley de Enjuiciamiento Civil*. Editorial Comares. Granada, España 2001.

DE PADURA BALLESTEROS, María Teresa. *"Algunas Cuestiones sobre la cosa juzgada y sus límites objetivos"*. *Tribunales de Justicia*, N° 12. Madrid 2001.

DEVIS ECHANDÍA, Hernando. *Teoría General del Proceso*. Tercera edición. Universidad. Buenos Aires 2004.

DÍAZ CORNEJO, Gabriel José. "Acción autónoma de nulidad de sentencia firme. Fundamento para su Aplicación". En *XVIII Jornadas Iberoamericanas y XI Uruguayas de Derecho Procesal*. Fundación de Cultura Universitaria. Montevideo, Uruguay 2002.

DUQUE CORREDOR, Román J. *Apuntaciones sobre el procedimiento civil ordinario*. Tomo II. Ediciones Fundación Projusticia. Caracas 1999.

ESCRIBANO, Fernando. *El proceso Civil*. Volumen IV. Tirant Lo Blanch. Valencia 2001.

GARNICA, Martín, J. F. "Las partes en la nueva Ley de Enjuiciamiento Civil: novedades más significativas". *Poder Judicial*, N° 62, Tercera época. Madrid 2001.

GELSI BIDART, Adolfo. "Noción de fraude procesal". *Revista de Derecho Procesal Iberoamericana*, N° 1. Instituto Iberoamericano de Derecho Procesal. Montevideo 1970.

GIUFFRA, Carolina. "Las vías de impugnación de la cosa juzgada fraudulenta o aparente". En *XVIII Jornadas Iberoamericanas y XI Uruguayas de Derecho Procesal*. Fundación de Cultura Universitaria. Montevideo, Uruguay 2002.

GOLDSCHMIDT, James. *Principios Generales del Proceso*, Vol. 1. Editorial Jurídica Universitaria. México 2003.

GONZÁLEZ INTHAMOUSSU, Carolina. "Cosa juzgada y cosa juzgada fraudulenta". En *XVIII Jornadas Iberoamericanas y XI Uruguayas de Derecho Procesal*. Fundación de Cultura Universitaria. Montevideo, Uruguay 2002.

GONZÁLEZ PILLADO, Esther y GRANDE SEARA, Pablo. "Comentarios a la Ley de Enjuiciamiento Civil: arts. 13, 14 y 15". *Revista para el Análisis del Derecho*, N° 271. InDret. Barcelona 2005.

GRANDE SEARA, Pablo. *La extensión subjetiva de la cosa juzgada en el proceso civil.* Editorial Tirant Lo Blanch. Valencia. España 2008.

HENRÍQUEZ LA ROCHE, Ricardo. *Código de Procedimiento Civil.* Tomo II. Librería Álvaro Nora, C.A. Caracas 2004.

_____. *Código de Procedimiento Civil,* Tomo III, 2ª Edición. Ediciones Liber. Caracas 2004.

HERRERO PEREZAGUA, Juan F. *La representación y defensa de las partes y las costas en el proceso civil.* Editorial La Ley. España 2000.

HITRERS, Juan Carlos. "Alcance de la Cosa Juzgada en los Procesos Colectivos". *La Ley.* ISSN0024-1636. Buenos Aires 2005.

LA FUENTE BALLE, José M. La judicialización de la interpretación constitucional. Editorial COLEX. Madrid 2000.

LANDONI SOSA, Ángel (2002). Cosa juzgada: valor absoluto o relativo. En *XVIII Jornadas Iberoamericanas y XI Uruguayas de Derecho Procesal.* Fundación de Cultura Universitaria. Montevideo, Uruguay 2002.

LARA PEINADO, Federico. *Código Hamurabi.* Tecnos. Madrid 1997.

LIEBMAN Enrico. *Manual de Derecho Procesal Civil.* Ediciones Jurídicas Europa-América. Buenos Aires 1980.

LONGA, Jorge Rogers. Estimación e intimación de los honorarios profesionales del abogado. Ediciones Libra, C.A. Caracas, Venezuela 1994.

LORETO, Luis. "Breves consideraciones acerca de la teoría legal de la exención de costas". En *Ensayos Jurídicos.* Editorial Jurídica Venezolana. Caracas 1987.

_____. Contribución al estudio de excepción de inadmisibilidad por falta de cualidad. En *Ensayos Jurídicos.* Editorial Jurídica Venezolana. Caracas 1987.

_____. "La sentencia constitutiva". En *Ensayos Jurídicos*. Editorial Jurídica Venezolana. Caracas 1987.

LOZANO VILLEGAS, Germán. *El valor normativo de las sentencias de la Corte Constitucional con ocasión del control abstracto y su incidencia en el sistema de fuentes del derecho: el caso colombiano*. Universidad del Externado. Colombia 2000.

LOUTAYF RANEA, Roberto G. *Condena en costas en el proceso civil*. Editorial Astrea. Buenos Aires 1998.

MARTÍN DE LA VEGA, Augusto. *Cosa Juzgada, Eficacia Prejudicial y Artículo 24.CE*. Celarayn, S.L. León. España 2002.

MONTERO AROCA, Juan y otros. *Derecho Jurisdiccional II Proceso Civil*. Obra colectiva. Editorial Tirant Lo Blanch. Valencia, España 2011.

_____. *La Prueba en el Proceso Civil*, 4° edición. Thomsom-Civitas. Navarra-España 2005.

NIEVA FENOLL, Jordi. *La cosa juzgada*. Editorial Atelier Libros Jurídicos. Barcelona, España 2006.

PALACIO, Lino Enrique. *Derecho Procesal Civil*. Tomo III. Abeledo-Perrot. Buenos Aires 1999.

PESCI FELTRI, Flavia. *La revisión constitucional de sentencias definitivamente firmes*. Fundación Estudios de Derecho Administrativo. Caracas 2011.

PIBERNAT DOMENECH, Xabier. "La sentencia constitucional como fuente de derecho". *Revista de Derecho Político*, N° 24. ISSN 0210-7562. Madrid 1987.

ROGERS LONGA, Jorge. *Estimación e Intimación de los Honorarios Profesionales del Abogado*. Ediciones Libra, C.A. Caracas-Venezuela 1994.

RUBIO LLORENTE, Francisco y JIMÉNEZ CAMPO, Javier. *Estudios sobre jurisdicción constitucional*. Centro de Estudios Constitucionales. Madrid 1997.

Ramírez & Garay. *Jurisprudencia venezolana,* Tomo 190. Editorial Ramírez & Garay, S.A. Caracas, Venezuela (julio, 2002).

RÉNGEL ROMBERG, Arístides. *Tratado de Derecho Procesal Civil Venezolano*. Tomo II. Organización Gráficas Capriles C.A. Caracas 2003.

RIVERA MORALES, Rodrigo. "Las Sentencias Constitucionales". *Revista Iberoamérica de Derecho Constitucional*, Instituto Iberoamericano de Derecho Procesal. Librería Rincón G. C.A. Montevideo 2006.

_____. "La Insuficiencia de Prueba como criterio sustancial". VII Congreso de Derecho Procesal Pruebas y Oralidad en el Proceso, Barquisimeto-Venezuela 2007.

_____. "La Relatividad de la Cosa Juzgada". Congreso iberoamericano de Derecho Procesal. Universidad de Lima. Lima.

RIVERA MORALES, Rodrigo. "Protección Constitucional y Procesal de la Víctima de Delitos Colectivos". *Las Acciones Colectivas como Instrumento de Protección de la Víctima Colectiva.* Berlín Alemania 2011. Publishing GmbH CISBN (978-3-8454-9119-6).

SAGUES, Néstor P. *La interpretación Judicial de la Constitución*. Depalma. Buenos Aires 1998.

SIERRA PORTO, Humberto. Sentencias de inconstitucionalidad. Instituto de Estudios Constitucionales Carlos Restrepo Piedrahita, Universidad Externado de Colombia. Bogotá 1995.

SOLÍS DÁVILA, Marcos. *Procedimiento por intimación*. Vadell Hermanos Editores. Caracas 2003.

TAPIA FERNÁNDEZ, Isabel. "Efectos Objetivos de la cosa juzgada". *Efectos Jurídicos del proceso (Cosa juzgada. Costas e intereses. Impugnaciones y jura de cuentas)*. Cuadernos de Derecho Judicial. CGPJ. Madrid 2000.

TARUFFO, Michele. *Páginas sobre Justicia Civil.* Colección Proceso y Derecho. Marcial Pons. Madrid 2009.

TAVOLARI OLIVEROS, Raúl. Las vías de impugnación de la cosa juzgada aparente o fraudulenta en el derecho procesal chileno. En *XVIII Jornadas Iberoamericanas y XI Uruguayas de Derecho Procesal.* Fundación de Cultura Universitaria. Montevideo, Uruguay 2002.

TORRES, Iván Darío. *Efectos del proceso. Ejecución de sentencia.* Ediciones Paredes. Caracas 2010.

Tribunal Supremo de Justicia. (2000). *Sentencia N° 422 de la Sala Constitucional, de fecha 18 de mayo de 2000.* Recuperada el 19 de abril de 2018. Disponible: http://www.tsj.gov.ve/decisiones/scon/Mayo/422-190500-00-0284.htm.

Tribunal Supremo de Justicia. (2000). Sentencia N° 656 de la Sala Constitucional, de fecha 30 de junio de 2000. Recuperada el 19 de abril de 2018. Disponible: http://tsj.gov.ve/decisiones/scon/junio/656-300600.

Tribunal Superno de Justicia. (2000). Sentencia N° 910 de la Sala Constitucional, de fecha 4 de agosto de 2000. Recuperada el 19 de abril de 2018. Disponible: http://www.tsj.gov.ve/decisiones/scon/Agosto/910-040800-00-1724.htm

Tribunal Supremo de Justicia (2001). Sentencia N° 01 de la Sala Constitucional de fecha 24 de enero de 2001. Recuperada el 19 de abril de 2018. Disponible: http://www.tsj.gov.ve/decisiones/scon/Enero/01-240101-00-0933.htm

Tribunal Supremo de Justicia (2001). Sentencia N° 05 de la Sala Constitucional de fecha 24 de enero de 2001. Recuperada el 19 de abril de 2018. Disponible: http://www.tsj.gov.ve/decisiones/scon/Enero/05-240101-00-1323%20.htm

Tribunal Supremo de Justicia (2001). Sentencia N° 102 de la Sala Constitucional de fecha 06 de febrero de 2001. Recuperada el 19 de abril de 2018. Disponible: http://www.tsj.gov.ve/decisiones/scon/Febrero/102-06022001

Tribunal Supremo de Justicia (2001). Sentencia N° 93 de la Sala Constitucional de fecha 06 de febrero de 2001. Recuperada el 19 de abril de 2018. Disponible: http://www.tsj.gov.ve/decisiones/scon/Febrero/93-060201-00-1529%20.htm

Tribunal Supremo de Justicia (2001). Sentencia N° 576 de la Sala Constitucional de fecha 27 de abril de 2001. Recuperada el 19 de abril de 2018. Disponible: http://www.tsj.gov.ve/decisiones/scon/Abril/576-270401-00-2794.htm

Tribunal Supremo de Justicia. (2001). Sentencia N° 1760 de la Sala Constitucional de fecha 25 de septiembre de 2001. Recuperada el 19 de abril de 2018. Disponible: http://www.tsj.gov.ve/decisiones/scon/Septiembre/1760-250901-00-2783.htm

Tribunal Supremo de Justicia. (2001). Sentencia N° 2212 de la Sala Constitucional de fecha 09 de noviembre de 2001. Recuperada el 19 de abril de 2018. Disponible: http://www.tsj.gov.ve/decisiones/scon/Noviembre/2212-091101-00-0062.htm

Tribunal Supremo de Justicia. (2001). Sentencia N° 004 de la Sala Constitucional de fecha 15 de noviembre de 2001. Recuperada el 19 de abril de 2018. Disponible: http://www.tsj.gov.ve/decisiones/scc/Noviembre/-0004-151101-99003-99360.htm

Tribunal Supremo de Justicia. (2001). Sentencia N°2749 de la Sala Constitucional de fecha 27 de diciembre de 2001. Recuperada el 19 de abril de 2018. Disponible: http://www.tsj.gov.ve/decisiones/scon/Diciembre/2749-271201-00-1629.htm

Tribunal Supremo de Justicia. (2002). Sentencia N° 2326 de la Sala Constitucional de fecha 02 de octubre de 2002. Recuperada el 19 de abril de 2018. Disponible: http://www.tsj.gov.ve/deciones/scom/Octubre/2326-021002-0228

Tribunal Supremo de Justicia (2002). Sentencia N° 2507 de la Sala Constitucional de fecha 15 de octubre de 2002. Recuperada el 19 de abril de 2018. Disponible: http://www.tsj.gov.ve/decisiones/scom/Octubre/2507-151002-02-0911.htm

Tribunal Supremo de Justicia (2003). Sentencia N° 293 de la Sala Constitucional de fecha 20 de febrero de 2003. Recuperada el 19 de abril de 2018. Disponible: http://www.tsj.gov.ve/decisiones/scon/Febrero/293-200203-01-0973.htm

Tribunal Supremo de Justicia (2003). Sentencia N° 321 de la Sala Constitucional de fecha 20 de febrero de 2003. Recuperada el 19 de abril de 2018. Disponible: http://www.tsj.gov.ve/decisiones/scon/Febrero/321-200203-00-2656.htm

Tribunal Supremo de Justicia (2003). Sentencia N° 32 de la Sala de Casación Civil de fecha 24 de marzo de 2003. Recuperada el 19 de abril de 2018. Disponible: http://tsj.gov/decisiones/scc/marzo/32-240303

Tribunal Supremo de Justicia (2004). Sentencia N° 624 de la Sala de Casación Civil de fecha 15 de julio de 2004. Recuperada el 19 de abril de 2018. Disponible: http://tsj.gov/decisiones/scc/Julio/624-150704-04

Tribunal Supremo de Justicia (2004). Sentencia N° 714 de la Sala de Casación Civil de fecha 27 de julio de 2004. Recuperada el 19 de abril de 2018. Disponible: http://tsj.gov/decisiones/scc/julio/714-270704

Tribunal Supremo de Justicia (2004). Sentencia N° 1618 de la Sala Constitucional de fecha 10 de agosto de 2004. Recuperada el 19 de abril de 2018. http://www.tsj.gov.ve/decisiones/scon/Agosto/1618-180804.

Tribunal Supremo de Justicia (2004). Sentencia N° 2563 de la Sala Constitucional de fecha 09 de noviembre de 2004. Recuperada el 19 de abril de 2018. Disponible: http://www.tsj.gov.ve/decisiones/scon/Noviembre/2563-091104-03-2517.htm

Tribunal Supremo de Justicia (2005). Sentencia N° 217 de la Sala de Casación Civil de fecha 10 de mayo de 2005. Recuperada el 19 de abril de 2018. Disponible: http://www.tsj.gov.ve/decisiones/scc/Mayo/217-100505.

Tribunal Supremo de Justicia (2005). Sentencia N° 282 de la Sala de Casación Civil de fecha 31 de mayo de 2005. Recuperada el 19 de abril de 2018. Disponible: http://www.tsj.gov.ve/decisiones/scc/Mayo/282-310505-031040.htm

Tribunal Supremo de Justicia (2005). Sentencia N° 486 de la Sala de Casación Civil de fecha 22 de julio de 2005. Recuperada el 19 de abril de 2018. Disponible: http://www.tsj.gov.ve /decisiones/scc/Julio/RC-00486-220705.

Tribunal Supremo de Justicia (2005). Sentencia N° 1538 de la Sala Constitucional de fecha 16 de octubre de 2005. Recuperada el 19 de abril de 2018. Disponible: http://tsj.gov/ decisiones/scon/octubre/1538-161005

Tribunal Supremo de Justicia (2006). Sentencia N° 18 de la Sala Constitucional de fecha 20 de enero de 2006. Recuperada el 19 de abril de 2018. Disponible: http://www.tsj. gov.ve/decisiones/scon/Enero/18-200106-04-1651.htm

Tribunal Supremo de Justicia (2006). Sentencia N° 181 de la Sala Constitucional de fecha 16 de febrero de 2006. Recuperada el 19 de abril de 2018. Disponible: http://tsj.gov/deci-siones/scon/febrero/181-160206

Tribunal Supremo de Justicia (2006). Sentencia N° 1035 de la Sala Político Administrativa de fecha 27 de abril de 2006. Recuperada el 19 de abril de 2018. Disponible: http://www. tsj.gov.ve/decisiones/spa/Abril/01035-270406-1999-16135.

Tribunal Supremo de Justicia (2006). Sentencia N° 1411 de la Sala Constitucional de fecha 17 de julio de 2006. Recuperada el 19 de abril de 2018. Disponible: http://www.tsj.gov.ve /decisiones/scon/Julio/1411-170706-06-0748.htm

Tribunal Supremo de Justicia (2006). Sentencia N° 1588 de la Sala Constitucional de fecha 10 de agosto de 2006. Recuperada el 19 de abril de 2018. Disponible: http://www.tsj. gov.ve/decisiones/scon/Agosto/1588 100806-06-0653htm.

Tribunal Supremo de Justicia (2006). Sentencia N° 2522 de la Sala Constitucional de fecha 20 de diciembre de 2006. Recuperada el 19 de abril de 2018. Disponible: http://www. tsj.gov.ve/decisiones/scon/Julio/2522-2012206-06.

Tribunal Supremo de Justicia (2007). Sentencia N° 576 de la Sala de Casación Civil de fecha 26 de julio de 2007. Recuperada el 19 de abril de 2018. Disponible: http://www.tsj.gov.ve /decisiones/scc/Julio/RC-00576-260707.

Tribunal Supremo de Justicia (2007). Sentencia N° 2296 de la Sala Constitucional de fecha 18 de diciembre de 2007. Recuperada el 19 de abril de 2018. Disponible: http://www.tsj.gov.ve/decisiones/scon/Diciembre/2296-181207-061316.htm

Tribunal Supremo de Justicia (2008). Sentencia N° 591 de la Sala Constitucional de fecha 16 de abril de 2008. Recuperada el 19 de abril de 2018. Disponible: http://www.tsj.gov.ve/decisiones/scon/Abril/591-160408.

Tribunal Supremo de Justicia (2008). Sentencia N° 505 de la Sala Constitucional de fecha 8 de abril de 2008. Recuperada el 19 de abril de 2018. Disponible:http://www.tsj.gov.ve/decisiones/scon/Abril/505-080408.

Tribunal Supremo de Justicia (2008). Sentencia N° 969 de la Sala Constitucional de fecha 16 de junio de 2008. Recuperada el 19 de abril de 2018. Disponible: http://www.tsj.gov.ve/decisiones/scon/Junio/969-160608-08-0018.htm

Tribunal Supremo de Justicia (2008). Sentencia N° 1393 de la Sala Constitucional de fecha 14 de agosto de 2008. Recuperada el 19 de abril de 2018: http://www.tsj.gov.ve/decisiones/scon/Agosto/1393-140808.

Tribunal Supremo de Justicia (2008). Sentencia N° 1582 de la Sala Constitucional de fecha 21 de octubre de 2008. Recuperada el 19 de 2018. Disponible: http://www.tsj.gov.ve/decisiones/scon/Octubre/1582-211008-00-1535. htm

Tribunal Supremo de Justicia (2008). Sentencia N° 1717 de la Sala Constitucional de fecha 10 de noviembre de 2008. Recuperada el 19 de abril de 2018. Disponible: http://www.tsj.gov.ve/decisiones/scon/ Noviembre/1717-101108-08.

Tribunal Supremo de Justicia (2008). Sentencia N° 857 de la Sala de Casación Civil de fecha 10 de diciembre de 2008. Recuperada el 19 de abril de 2018. Disponible: http://www.tsj.gov.ve/decisiones/scc/Diciembre/857-101208-2008-07-722.

Tribunal Supremo de Justicia (2010) Sentencia N° 41 de la Sala de Casación Civil de fecha 9 de marzo de 2010. Recuperada el 19 de abril de 2018. Disponible: http://www.tsj.gov.ve/decisiones/scc/Marzo/41-09 032010-09-375.htm

Tribunal Supremo de Justicia (2010). Sentencia N° 970 de la Sala Político Administrativa de fecha 7 de octubre de 2010. Recuperada el 19 de abril de 2018. Disponible: http://www.tsj.gov.ve/decisiones/spa/Octubre/970-71010-1996-12711.htm

Tribunal Supremo de Justicia (2010). Sentencia N° 47 de la Sala Plena de fecha 4 de noviembre de 2010. Recuperada el 19 de abril de 2018. Disponible: http://www.tsj.gov.ve /decisiones/tplen2/Noviembre/47-41110-2010.

Tribunal Supremo de Justicia (2011). Sentencia N° 436 de la Sala Constitucional de fecha 5 de abril de 2011. Recuperada el 19 de abril de 2018. Disponible: http://tsj.gov/decisiones /scon/abril/436-050411

Tribunal Supremo de Justicia (2011). Sentencia N° 1217 de la Sala Constitucional de fecha 25 de julio de 2011. Recuperada el 19 de abril de 2018. Disponible: http://www.tsj.gov.ve /decisiones/scon/Julio/1217-250711.

URIA, José María S.J. *Derecho Romano*. Universidad Católica del Táchira. San Cristóbal 1984.

ZAGREBELSKY, Gustavo. *La justicia constitucional*. Salamanca. Universidad de Salamanca. Salamanca 2003.

ZAMBRANO, Freddy. *Condena en costas y cobro de honorarios de abogado, (Manual sobre el Régimen de Costas Venezolano)* Editorial Atenea. Caracas 2006.

Legislación

Código Civil de Venezuela. Gaceta Oficial N° 2.990 Extraordinaria de fecha 26 de junio de 1982.

Código de Procedimiento Civil. Gaceta Oficial N° 3.970 Extraordinaria de 13 de marzo de 1987.

Código de Procedimiento Civil. Gaceta Oficial N° 4.209 Extraordinaria de fecha 18 de septiembre de 1990.

Ley de Abogados promulgada el 12 de diciembre de 1966, y publicada en la Gaceta Oficial de la República de Venezuela N° 1.081 de fecha 23 de enero de 1967.

Ley de Enjuiciamiento Civil. 18ª edición. Tirant Lo Blanch. Valencia, España. 2011.

Ley Orgánica de la Jurisdicción Contencioso Administrativa. Gaceta Oficial N° 39.451 de fecha 22 de junio de 2010.

Ley Orgánica del Tribunal Supremo de Justicia. Gaceta Oficial N° 39.483 de fecha 09 de agosto de 2010.

Ley Orgánica de la Corte Suprema de Justicia: Gaceta Oficial N° 1.893 Extraordinario de 30 de julio de 1976.

Nuevo Código General del Proceso. Ley 1564 de 2012. Editorial Centauros. 21 de diciembre de 2012.

Reglamento de la Ley de Abogados, Gaceta Oficial de la República de Venezuela N° 28.430 de fecha 13 de septiembre de 1967.

ÍNDICE

CAPÍTULO II

ALCANCE DE LOS EFECTOS DE LA COSA JUZGADA MATERIAL CON RELACIÓN A LAS PARTES DEL PROCESO Y CON LOS TERCEROS

CAPÍTULO III

LA RELATIVIDAD DE LA COSA JUZGADA

CAPÍTULO IV

NATURALEZA JURÍDICA DE LA SENTENCIA CONTENTIVA DE LA CONDENATORIA EN COSTAS, COMO EFECTO ECONÓMICO DEL PROCESO CIVIL

CAPÍTULO V

PROPUESTA DE MODIFICACIÓN DEL PROCEDIMIENTO PARA TRAMITAR LA INTIMACIÓN DE HONORARIOS DE ABOGADO PROVENIENTES DE LA CONDENA EN COSTAS

www.ingramcontent.com/pod-product-compliance
Lightning Source LLC
Chambersburg PA
CBHW021556210326
41599CB00010B/468